世界まちかど地政学NEXT

藻谷浩介

文藝春秋

ニースのストリートに飾られた星空のようなアート

ラオス

ショッピングモール建設地そばの庶民の市場

ゲバラの肖像を掲げた三輪タクシー

完成間近のショッピングモール

東ティモール

下水道が未整備だった裏路地

青果の露店前の子どもたち

スパイシーな地元料理

ニューヨーク

高架上の半分を遊歩道にした「ハイライン」

大通りを見下ろすように作られたベンチ

ビルの壁面に描かれたユニークなだまし絵

モナコ

大公宮殿横の迷路状の旧市街

モナコからニースに向かう電車の中

マリーナに隣接する高級アパート

アンマン

地ビール屋の店員たち

ダウンタウンの建物に描かれた絵

ダウンタウンのスーク（市場）

旧ユーゴスラヴィア

モスクの尖塔の多い旧市街地

シューマンの「流浪の民」の
世界のようなロマの子ども

まるで黒部ダムのような大峡谷

まえがき

本書は、毎日新聞社の有料インターネットサイトである「経済プレミア」に、２０１７年4月から連載している旅行記「藻谷浩介の世界『来た・見た・考えた』」の、単行本化第2弾です。２０１８年2月に毎日新聞出版から発刊した『世界まちかど地政学』の続巻になります。

本書に先立つネット連載は、累計１００回を超えました。筆者がこれまでに自腹・単身・予習なしで旅行してきた、世界１０５カ国での見聞と考察の中から、知られざる国の知られざる様子や、よく知られた国であるはずなのに知られていない実態を、アドホックに文章化しております。その中から本書には34編を収録しました。２０１８年の年初から秋までに掲載されたものをメインとし、分量の関係で前巻の『世界まちかど地政学』に収録できなかったルクセンブルクとアンドラを加え、ニュージーランドとチリを次の巻に回しています。

今回収録された17カ国の17都市を並べてみると、ニューヨークというたいへん多くの日本人が足を運んでいる町もあれば、モナコやニースのように多くの方が名前を知っている町もあります。しかし、アンドラ公国のアンドラ・ラ・ヴェリャだの、パラグアイのアスンシオンだの、それどこ？　という町々の方が多いかと思います。またレバノンのベイルートや旧ユーゴのコソヴォのように、凄惨な内戦を覚えている中高年の方には、「そんなところに行って大丈夫か？」と思われそうな町も入っております。ですが世界情勢は刻々と変わっており、頭の中の先入観は日に日に古くなっているのです。「サウスブロンクスのホテルに、夜遅くの地下鉄で、うとうとしながら帰った」というような本書の記述を読まれれば、昔のニューヨークをご存知の方には隔世の感がありましょう。

とはいえ本書とネット連載記事には大きな違いがあります。そもそもネットには毎回の字数制限があり、掲載される文章にはネット独特の細切れタイプの段落分けがなされて、見出しも増やされています。そこで単行本化に際しては、ネットでは言葉足らずでわかりにくかったであろう部分に相当程度加筆し、流れがきちんとわかるように見出しも整理しています。各章に、その章にある都市や場所を知ることにはどんな意味があるのか、前説もつけました。ネット連載をお読みの方にも十分に目新しい、読み応えある中身になっているものと思います。

本書は5章から成りますが、各章に掲載されたエピソードには、以下のようなテーマが横串として刺さっています。期せずして、21世紀の世界の根幹に横たわる問題が、並ぶ結果となりました。
考えてみれば日本は、経済の発展した、治安がたいへん良い、民族や宗教の衝突がない、海に囲まれ言語も統一され「国とは何か」というようなことについて考える必要もない場所です。ですがそれゆえに、日本の中だけでものを考えていると、世界の国々が何に悩んでおり、どうしようとしているのかがわからなくなってしまうように思えます。ぜひ各章の事例を他山の石として、日本がいかに恵まれているかを考え感じ取ってみてください。
第1章　途上国問題：ラオス、東ティモール、パラグアイ：条件不利な貧困国はいかにして食べているのか。逆に考えれば、「日本はいずれ食べていけなくなる」という日本人の強迫観念は、どこが現実とずれているのか。
第2章　都市問題：ニューヨーク：再生し繁栄する世界経済の中心都市の、学ぶべき先端と、水面下で進む格差拡大とはどのようなものか。
第3章　民族問題：旧ユーゴ諸国とアルバニア：民族同士の反目と衝突は何が原因で起き、いかなる結果を生むのか。前巻のコーカサス3カ国と合わせてお読みいただければ、より理解が深まるかと思います。
第4章　国民国家の問題：ルクセンブルク、アンドラ、モナコ、ニース：国と国民を成立させる条件、存続させる条件とは何なのか。

第5章　宗教問題：レバノンとヨルダン：宗教対立はなぜ起きるのか。多宗教の共存は可能なのか。

それでは本書を開いて、世界の片隅の現場現場に身をおいての、知的冒険をお楽しみくださ い！

世界まちかど地政学NEXT　目次

第4章　極小の公国から見える欧州の本質 191

第5章　レバノンとヨルダン・戦地真横でのかりそめの安寧　245

世界まちかど地政学NEXT

初出：毎日新聞「経済プレミア」
「藻谷浩介の世界『来た・見た・考えた』」

第1章

成長目指す貧困国
平和の配当に潜む毒饅頭

「日本はこれからどうやって食べていくのか?」というのは、日本人の好む議論の一つだ。そしてその結論は、なぜかいつも「これからはなかなか厳しいよね」ということになる。しかし実際のところ、日本が食べていけないような事態になったことは、高度成長期以降は一度とてない。

それもそのはず、日本の外国との取引(経常収支)はずっと黒字だし、平均寿命も世界トップクラスのままである。英誌エコノミストによれば、東京は世界一安全な都会だ。ちなみに二位がシンガポールで、大阪が三位となっている。日本人のよく思う「大阪はちょっと危ない町だ」という認識は、世界から見ればあまりに真逆の自虐だし、「日本は明日にも食べていけなくなる」という日本人の不安を聞けば、世界の人たちは「こいつら狂っているのか?」と思うだろう。「日本ほど真面目な国が食べていけなくなるなら、他の200カ国の方が先に破滅するよ」というのが、世界の人の常識的な反応だ。

「どうやって食べていくのか?」を心配すべきなのは、本来は日本ではなく、まずはもっとずっと貧しい国々である。貧しさにもいろいろなレベルがあるが、たとえば中国やインドやブラジルは、人口が多すぎて平均すると所得水準が低くなってしまう国であり、平均値は低くとも国内市場が大きいので産業は発展しやすい。都市地域の発展ぶりも先進国に劣らない。だが同じく所得水準が低い国でも、そもそも人口規模が小さすぎて内需がない、交通インフラにも人材インフラにも欠ける、政治が腐敗している、といった多重苦にあえいでいる国の場合は、どうしたらいいのか。

筆者はこの原稿執筆までの時点で、世界の国々の過半に当たる、１０５カ国を訪れてきた。戦乱状態にある国は避けているが、平和だけれども貧しい国々をたくさん見てきたのである。ではその中で「この国で人が食べていくのはなかなか厳しい」というような状況のところはあっただろうか。「服もろくに纏《まと》わずに飢え死にしかけた人が、路傍にごろごろしている」というような、今昔物語に書かれた千年前の平安京のような状態の国はあっただろうか。どこにもなかった。

上の写真を見てほしい。これは、２０１９年１月に筆者の撮影した、アフリカ南部モザンビークの首都マプトの街頭だ。モザンビークは、ドル換算した一人当たりＧＤＰの世界１９０カ国の比較（ＩＭＦの統計準拠）で、１８６位に低迷している掛け値なしの「世界最貧国」である。モザンビーク人一人の経済力は、数字の上では日本人一人の１％に過ぎない。

モザンビークの首都マプトの住宅地

だがこの写真を見て、それがわかるだろうか？　写っているアパートにクーラーの室外機が付いていることでわかる通り、ここに住んでいる人たちはこの国においては例外的な中流層で、国民の圧倒的多数を占める貧困層ではない。だがいわゆる富裕層でもないことは、まるで昭和の時代のような建物の様子を見てもわかるだろう。街路には多くの車（過半が日本車）が駐められている。筆者はこの街のあちこちを20キロ以上も歩き回ったが、白昼でもあり、治安の悪さは一度も感じなかった。都心を一歩外に出ると広大な貧困地区があるのだが、空港に向かうために乗ったタクシーの運転手によれば、そことて昼間は歩いて危ない地区ではないという。アフリカ大陸では最も栄えている南アフリカ共和国（一人当たりGDPではモザンビークの15倍）の中心地・ヨハネスブルクの方が、「昼夜問わず24時間歩いてはいけない街だ」と、彼は笑っていた。

貧困国の貧困層の平均寿命は短い。教育を受ける機会を奪われている子ども、本来の才能に見合った仕事を得られない大人も非常に多い。だが彼らはなぜ、先進国住民が着ているのとまったく同じような服を着ているのか。水道も電気もない家も多いだろうに、なぜ飢え死にしないのか。どういう仕組みでこの世界は支えられているのか。

この世界の中では特筆してウェルマネイジドな（＝秩序だって運営されている）国に住む日本人の、「日本はこれからどうやって食べていくのか？」というような独特の強迫観念は、長い目で見たとして結局正しいのか、妄想の極みなのか。そして貧困国は、かつて日本がそうしたように、いつしか貧困を脱することができるのだろうか。

以下は、それらについて考えてみつつ、幾つかの貧困国を歩き回った際のご報告である。

ACT1．ラオスの首都ヴィエンチャンでタイとの国境を望む

「ヴィエトナム人は稲を植える。カンボディア人はそれを見ている。ラオス人は、稲の育つ音を聴いている」。この3国を植民地にした19世紀末のフランス人が口にしたという、民族性の違いを表すフレーズだ。

ヴィエトナム人は当時からいまと同じく勤勉さを評価されていたようだが、「人が働くのを見ているだけ」とされたカンボディア人には、これはずいぶんと失礼な表現である。だが「音だけを聴いているラオス人」というのはどうなのか。失礼を超えて哲学的な存在にすら聞こえるから不思議だ。

その静かな人たちの住む国の首都を訪れて感じた、嵐の前の予感とは？　いまから5年前と少々旧聞に属するが、ここに書き留めておきたい。

川のすぐ対岸に隣国の見える首都

2014年5月後半。50歳を目前にして単身での海外旅行を再開しようとしていた筆者は、最初の行き先に東南アジアの国ラオスの、首都ヴィエンチャンを選んだ。未訪問国で、ビザ不要で、かつバンコク乗り継ぎで簡単に行ける町だ。ラオスの人気デスティネーションといえば世界遺産になっている旧王都ルアンパバーンだが、「観光地の前にまずは首都へ」というこだわりが当時からあった。筆者の興味は名所旧跡ではなく、その国のいまの社会状況にあるからだ。

「首都を日帰りや1泊でチラ見したところで何がわかるものか」という批判はあって当然だし、筆者もいつもそう自問自答している。それでもチラ見するのと、一度も行かないのとはまったく違う。「成田空港で国際線から国際線に乗り換えた外国人が、2時間だけ日本に入国して成田山新勝寺に立ち寄った。そしてそれだけの観察から日本を語っている」というような覚悟と気合で、足と頭をフル回転して、本を味読するように町を読み取っているのである。

それにしても、「アジア諸国の首都の中でも一、二を争う地味な町」と言われるヴィエンチャンに、何があるのか。むしろ「何がないのか」を確かめてこようと思いながら、羽田発の深夜便に乗った。

　バンコクまでの6時間の大部分は、エコノミー席で頭の置き場に困りつつも、頑張って寝通す。4時間近く待って乗り換えてからは、1時間でヴィエンチャンのワッタイ国際空港に着いた。ターミナルは日本の地方空港と同じサイズ、似たような風情だ。それもそのはず、日本のＯＤＡ（政府開発援助）で造り直された空港で、両国旗をあしらった記念碑が立っている。ＡＴＭ（現金自動受払機）から現地通貨キープを４０００円弱引き出し、小綺麗なタクシーでホテルに向かった。

昭和期の日本の地方空港のようなヴィエンチャンの空港

　ヴィエンチャンの都市圏人口は80万人程度だというのだが、街の広がりや密度は、日本でいえば人口十数万人の地方都市という感じだ。訪問した２０１４年当時は高層ビルも皆無で、泊まったホテルも5階建ての小ぶりなものだった。
　部屋でＷｉ－Ｆｉにつないで少しメールを返信し、2時間ほど仮眠してから、街歩きに出かける。ヴィエンチャンは大河メコンに面しているので、まずはその川面を見ようと、昭和のような風情も残る街並みを南に向かった。途中、

のんびりとしたヴィエンチャンの都心

街のへそとでもいうべき位置にあるナンプ広場を通ると、オープンカフェのようなものがしつらえてあったが、人の気配はない。そもそもこの街には、都心というほどの密度の集積がなく、聞いていた通りに空が広い。そしてこれまでのところ、アジアの都市に共通するまちなかの喧騒というものが、およそまったく感じられない。

河畔のチャオ・アヌウォン公園に着いてみると、幅1キロほどの河川敷の半分以上は砂州で、緑の草地になっていた。今回訪問の5年前にカンボディアの首都プノンペンで見た、満々たる水量のメコンとは印象がずいぶんと違う。ずっと下流のプノンペンとの比較にはもちろん無理があるし、雨期から乾期に変わる時期でまだ降水が少ないこともあろう。だが、上流の雲南省に中国政府が設けた複数のダムが、近年の水量低下を招いているという話も聞くのだった。

対岸は隣国のタイであり、目を凝らすとぽつぽつ建物が見えるが、こちらは首都だというのに橋も渡し船もない。しかし東（下流）に18キロほど行くと、タイのノーンカーイ市との間に橋がかかっているという。ラオスは人口でタイの10分の1、GDPでは数十分の1に過ぎないだけに、橋のかかる位置にも彼我の経済力の差が出ているということか。

首都の正面が国境の川だというのに、あたりはのんびりムードそのものだ。目を凝らしても両岸どちらにも軍事施設は見当たらないし、岸辺にも川面にも、パトロールを行っているらしき人影も船影もない。カメラ片手の外国人を呼び止める警官もいない。

近い関係にありながら別々の道を歩んだラオスとタイ

ヴィエトナム戦争当時を含む冷戦期にまでさかのぼれば、この国境線は東西陣営を分かつ鉄のカーテンの一部だった。１９７５年、筆者が小学校5年のときに南ヴィエトナムのサイゴン（現ホーチミン）が陥落し、大勢の「ボートピープル」が同国を脱出するという騒動が起きるのだが、これと同時期に同じく社会主義国となったラオスからも、メコン川を泳いでタイに逃げ出した人がいたことを、当時ヴィエンチャンにいた朝日新聞の「遠藤特派員」という人が伝えていたと、なぜか鮮明に覚えている。いまでは昨日何があったかも覚えていない54歳の初老の男だというのに、我ながら妙なことに脳のメモリを使っているものだ。

以来40年余り。現在でもラオスは、「人民民主共和国」を名乗ったままなのだが、実際には明確に市場経済化路線を歩んでいる。日本人の筆者が、ビザなしでやってきて、こうして国境地帯（といっても首都の公園だが）を勝手にうろつきまわっていることにも、何の制約もない。そしてラオスへの最大の投資国は、対岸のタイなのだ。

そもそもなぜ首都の面する川が国境線になっているのか。そしてその川を挟んだラオスとタイは何が違うのか。

インドシナ半島には、東から順にヴィエトナム、ラオス、カンボディア、タイ、ミャンマーと5つの国が並んでいる。そのいずれも少数民族を多く抱える多民族国家だが、それぞれで最も多数を占める民族とその言語を比べてみよう。

ヴィエトナムのキン族とカンボディアのクメール族は、インドシナ固有のオーストロアジア系の言語を話す。ミャンマーのビルマ族は、古代中国を脅かしたチベット系の氐《てい》族の末裔が南下したものと言われるだけに、言語もチベット系だ。それに対して、タイの小タイ族とラオスのラーオ族は共に、宋代に雲南を支配していた大理国の民が、元に滅ぼされてから南下したものという説があり、話す言葉はタイ語族である。タイ語族は、孤立言語と言われるように他の言語との類縁が乏しいのだが、その中でのタイ語とラオス語は、相互に相手の方言といえるほど近い関係だ。さらにいえば、ラオスとメコン川をはさんだ対岸のタイ東北部(イーサーン地方)は、いまの軍事政権と対立するタクシン派の地盤となってきた後進地域だが、その方言(イーサーン方言)は、タイ語の中でも特にラオス語に近いという。

にもかかわらずラーオ族は、歴史を通じてタイとは別の独自の王朝を形成してきた。ヴィエトナムあるいはビルマ（ミャンマー）に脅《おびや》かされたこともあるが、その後は次第にタイに圧迫され、従属的地位に置かれる。それを逃れるべく、19世紀後半にヴィエトナムに進出してきたフランスに保護を求めたところ、メコン川より北東の主要部分が、まんまとそのフランスの植民地にされてしまった。その際にフランスとタイがメコン川を国境と定めたため、類似した言葉を話す人たちが川の向こうにも残って「タイ化」していった。

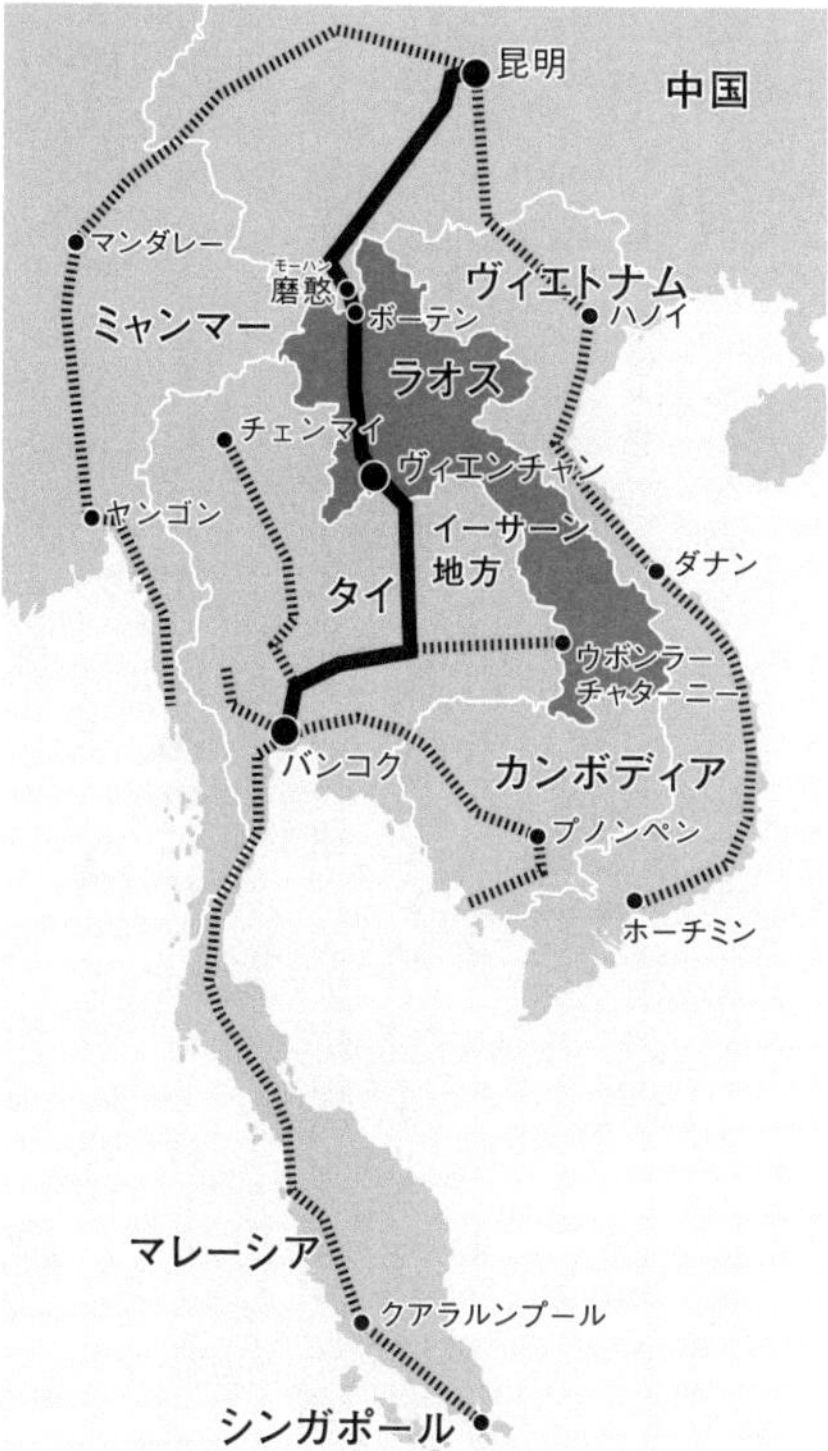

ラオス、タイを中心に進む高速鉄道計画。中国政府による巨大経済圏構想「一帯一路」がASEAN諸国に展開されている。太線が本書で言及する路線（p. 33参照）

そもそも大河は交易の経路であり、上流・中流・下流で変化はあれど、どの場所でも同じ民族が両岸に住んでいるのが普通だ。四大文明の時代からそうなのであり、従ってラオスのように大河が国境になっている場合には、近代以降に何か政治的な事情があったことを示す。米加国境のセントローレンス川、中露国境のアムール川などが典型だ。

その後ラオスは、ヴィエトナムの独立闘争に乗じて自分も独立を果たし、そして米国の介入によるヴィエトナム戦争にも巻き込まれてジャングルを舞台とした凄惨なゲリラ戦の戦場となる。しかしそうした流血が過去となったいまも、メコン川は国境であり続けている。なおタイが植民地化を免れたのは、ビルマ（ミャンマー）を植民地化した英国と、ヴィエトナムなど3国を植民地化したフランスの、緩衝地帯として残されたからだと言われるが、そこにタイの王朝の巧みな戦略と立ち回りがあったことも間違いない。それはいずれタイ編で書くこともあろう。

そのような複雑な経緯を抱えながら、前述のとおり現在のラオスとタイの国境に緊張はない。インドシナ5カ国は歴史上、隣同士で痛烈に侵略しあったことも多いのだが、いまでは国境を超えた交流が盛んである。彼らも加盟するASEAN（東南アジア諸国連合）は、宗教や人種や言語を超えて、歴史的には滅ぼし合ったこともある、最近まで武力対立を続けていた場合もある多民族国家同士を、経済的メリットを旗印に緩く結合させた摩訶不思議な枠組みだが、ここでもその霊験あらたかということなのか。

華やかにライトアップされたレストランが点在するメコン河畔。華美な外国人向けのものもあったが、そうではない静かなところを見つけて食事した。店員は悪い人たちではないのだが動きがのろく、頼んだのと違う料理が出てきた。その話を聞いたのか、会計のときに韓国人経営者が出てきて「お詫びの意味でお安くします」という。日中韓であればよく見るような、「お客様は神様です」という感じの姿勢を、間違えた当人たちは別世界の何かを見るような感じで見ていた。「ラオス人は稲の育つ音を聴いている」というのは、あるいはこういう感じのことを表現したのだろうか。

川に並行する裏路地を歩いてホテルに戻る。薄暗い未舗装路の両側に貧しそうな家が並び、街灯は日本で終戦直後に焼け跡を照らしていたと聞くアーク灯だ。まだまだ厳しい経済の現実を見て思う。この国は、いずれ自立して食べていけるようになるのだろうか。そうした発展に向けた、団結力はあるのだろうか。

そうだ。明日は、首都には必ずあるはずの、この発展途上の国の統合のシンボルというべきものを探してみよう。

ACT2. 昭和の世界から高度消費社会へとワープするヴィエンチャン

市街地正面のメコン川が国境となり、対岸にタイの家々が見えるラオスの首都ヴィエンチャン。首都の市街地から隣国がすぐそこに見える国は、国境が人為的に引かれたことの多いアフリカの数例を除いて、他にはない。ラオスが市場経済化に舵《かじ》を切ったいま、人口で10倍、経済力では何十倍も大きいタイに経済的に呑み込まれるリスクは、高くなっていないのだろうか。だが歩きながら、北の隣国・中国の台頭で、さらに別の変化が起きていることに気付く。

国家統合のシンボルは凱旋門もどきと仏舎利塔

ヴィエンチャン2日目。午前中をホテルで、執筆作業とメール返信に充てざるをえなかった筆者だが、12時から鋭意、街歩きを再開した。まずは北東4キロほどの、この街のシンボルたる仏舎利塔「タート・ルアン」を目指す。

15分ほど歩くと、大通りの真ん中に「パトゥーサイ」が現れた。政権を握るラオス人民革命党の前身の愛国戦線（パテト・ラオ）による国土完全掌握は１９７５年だが、それに先立つ内戦下の１９６７年に、パリの凱旋門を模して建設の始められた、コンクリート造りの戦没者鎮魂＆愛国戦線勝利記念碑である。しかしデザインは古色蒼然《そうぜん》かつゴテゴテしていて、近代化の前の王朝の遺産か？　と勘違いさせるものがあった。

　入場料を払って階段を上っていくと、上層部にまったく客の影のない土産物売り場があり、そのさらに上が展望台になっていた。四方に広がる平べったい市街は、どう見ても活気に満ちているとはいえないが、塔の周囲の公園はなかなか綺麗に整備され、大勢の市民が憩っていた。まさにここが国の統合のシンボルなのだろう。ラオス全国から、場合によって何十時間もかけて首都にやってきた観光客にとっても人気スポットのようで、写真を撮っている家族連れも目立つ。

　さらに北東へ半時間余り、大使館や自動車ディーラーなどがポツポツと並ぶ大通りを進むと、目指すタート・ルアンが見えてきた。全体に金箔《きんぱく》が厚く貼られた、高さ45メートルもある仏塔だ。60メートル四方の同じく黄金の内壁と、85メートル四方の外壁に囲まれている。

　いかなる由来が伝えられているのか英語の説明はなかっ

ラオスのシンボル、黄金の仏舎利「タート・ルアン」

たのだが、この場所には真正の仏舎利が納められているということで、国際的な仏教聖地にもなっている。周囲を含め美しく整備され、人民革命党もここをパトゥーサイと並ぶ国家のアイコンとして位置付けていることがわかる。とはいえ、ヤンゴンやバンコクの代表的な寺院に比べれば、こちらの規模ははるかに可愛いものだ。国の人口が10倍違うのだから当然だともいえるが、そうであるからこそ「真正の仏舎利」をうたって権威付けしているのだろう。中国の皇帝に比してはるかに権力・金力の小さかった日本の皇室が、「万世一系」を掲げて権威付けを図ってきたのと同じような構図だ。

それにしても、タイはもちろん、ヴィエトナムやカンボディアといった隣国で起きてきた、日本からの工場進出の加速といった話は、この国からは余り聞こえてこない。「稲の育つ音を聴いている」ようなのんびりした国民性ということもあろうが、それ以上にたとえばヴィエトナムとは立地条件が違い過ぎる。片や人口1億人近くを抱えて余剰労働力も潜在的な内需も大きく、南シナ海に面する海港があって、広い平野を持ち、ハノイとホーチミンに直行便が飛んでいるヴィエトナム。片や人口はその十数分の1で、内陸にあってメコン川の河港しかなく、山ばかりで、日本からの直行便もないラオス。勝負にならないのは明らかだが、それではこの国は如何《いか》にして外貨を稼ぎ、「どうやって食べているのか」。

順序を変えて書いたが、歩き出して最初に寄った、タラート・サオ（朝市の意）という名前の大きな商業ビルを思い出す。建物デザインも店舗レイアウトも旧式の共同店舗スタイルで、しかも日曜日だというのに半数以上の店がシャッターを下ろしていた。街を見下ろそうと屋上まで上がってみると、これまた資材などが放置され荒廃した状態だった。購買力の乏しさが原因か。あるいは車社会化と新興富裕層の消費の高度化に乗り遅れ、新しい施設との競争に負けたのだろうか。

多くの店が閉まっていた商業施設タラート・サオ

途上国のこういう共同店舗を見ていつも思うのだが、どの店先にも同じような商品を並べて、客数も少ない中で所在無げに座っている店員たちは、「食べていく」ことができているのだろうか。あるいは「食べていく」ことができたとして、その労働は国全体の経済にとってはいかほどの付加価値を生んでいるのだろうか。

だがそれをいうなら日本で、このラオスの市場に比べて非常に効率の高い経営をしているコンビニエンスストアチェーンのアルバイト従業員は、ラオスの店員に比べてまったく休みなく八面六臂《はちめんろっぴ》の多機能的労働をしているわけだが、それで「食べていく」ことができているのだろうか。あるいは「食べていく」ことができたとして、その労働は国全体の経済にとっていかほどの付加価値を生んでいるのだろうか。

さらに考えてみれば東京の大企業に、通勤ラッシュを我慢して通い、必要性のよくわからない会議に、自分が出席する必要性もよくわからないまま黙って座って時間を過ごし、それで給料をもらっている多くの人たちは、このラオスの共同店舗の店員たちと何が違うのか。「食べていく」ことはできているわけだが、その労働（になっているのかどうかよくわからないが少なくとも日々の忍耐）は、国全体の経済にとってはいかほどの付加価値を生んでいるのだろうか。

実はラオスでも日本でも労働は、近代以前の農民や職人が確実に担っていた経済的な付加価値の生産機能を失って、単にワークシェアリングの一手法になってしまっているのではないか。会議の席なり店先なりに所在無げに座るという忍耐力を示したご褒美として、「食べていける」ことになっているだけなのではないだろうか。

では実際に付加価値を生んでいるのは誰か。日本では圧倒的に工場の中の産業用ロボットであり（つまるところは化石燃料であり）、ラオスではひょっとしてＯＤＡなのかもしれない。

闇市のような市場の横で進む最先端都市開発の成否は？

同じ道を戻るのも芸がないので、ここから日本大使館やタイ領事館などが点在する市街地東部を南下していく。相変わらず密度の低い中を1時間半ほどダラダラと歩いていたら、沼地をつぶして都市開発をしようとしている現場に出くわした。商業・住宅施設の大規模開発プロジェクト「ワールドトレードセンター」だという。

囲いに貼ってあった完成予想図には、昭和にいきなり近未来が降ってきたような唐突感がある。高層ビルを何棟も建設するようだが、こんなに林立させて誰が入居するのか？ 先ほどまでこの国に工場進出が乏しい理由を考えながら歩いてきたわけだが、工場が来ないならいきなりオフィスを増やせというようなことは、可能なのだろうか。図には中国語が書かれており、このプロジェクトに中国資本が関係していることは明らかだ。彼らは何を考えてこんなことを推進しているのだろう。

地図を見てみるとこのヴィエンチャンは、人口7000万人弱のタイと、5000万人弱の中国・雲南省とを結ぶちょうど中間点であり（25頁、地図参照）、そのさらに北には8000万人が住む四川省も控える。そこで、「一帯一路」の掛け声の下に南西方向への経済的拡張を目指す中国は、この町を経由して自国とタイを南北方向に結ぶ鉄道を、建設しようとして

ワールドトレードセンターの工事現場にあった完成予想図

いるのだという。また、ヴィエトナムのハノイとタイのバンコクを東西に結ぶ陸路も、現在はまだ未整備だが、できれば必ずこの町を経由することになる。ラオス自体は人口700万人弱の小国だが、平和と通商の21世紀において突然に、インドシナ半島内陸の要地としてその存在が浮上しつつあるわけだ。

そういうインフラ整備に伴って国際物流が盛んになれば、この程度の開発は成り立つに違いないと、博打好きの中国資本は考えたのだろう。さらにいえば、入居者が実際に出てくるかは問題ではなく、プロジェクトに金を出す投資家がいるかどうかだけが問題なのだ。そうすれば少なくとも建設資金は回収できる。実際問題、似たようなむちゃな投資は、中国の各地でも無数に行われている。

筆者がこのプロジェクトのセールスマンであれば、こう売り込むだろう。「ラオスは欧州でいえばスイスなのです。スイスも貧しい山国でしたが、北のドイツと南のイタリア、西のフランスと東のオーストリアやハンガリーを結ぶ交通の十字路として、見事に花開きました。この国の将来性に賭けてみませんか？」と。確かにスイスとラオスの人口規模は似ている。しかしスイスに「ワールドトレードセンター」はない。物流費が徹底的な削減対象となっている現代産業社会では、物流の通過経路に付加価値は落ちない。スイスは製造業と国際観光で食べているのであり、オフィス街で食べているわけではないのだ。

だが仮に、この都市開発プロジェクトが見事に博打に勝ち、オフィスが入居者で埋まったとするなら、入居者は「何で食べていく」のだろう。輸出産業も天然資源も大きな国内市場もなく、国民の大多数が自給的農業を営むこの国で、いかなる貿易が成り立つのか？　ODAなり外からの投資なりで集まってきた外貨を、外国の商品を輸入することで海外に戻すという形態の、「国富流出促進型」の貿易になってしまうだけなのではないか。

ワールドトレードセンター建設予定地の先には、ヴィエンチャンセンターという名称のショッピングモールが、こちらは「もう間もなく完成します」という状態で建設中だった。形状から見て、最初に見たタラート・サオとは半世紀の時代の違いのある、最新式の施設になるだろう。世界的なブランドもいろいろ入居するらしい。この国の商業にとっては正に黒船

完成間近の「ヴィエンチャンセンター」

だ。

隣接して、ノンチャン市場と、タラート・クアディンという、二つの庶民の市場が残っていた。床にタライを並べてその上で食品を売るという、古来の形態だ。冷蔵設備はなく、肉も魚も腐る前に売り切ってしまうしかない。通路は未舗装で、泥の上にゴミが散乱していた。

まもなくすれば、この闇市のような市場と超近代的モールが、真横で併存する状況になる。その先はいったいどうなっていくのだろうか。何時間も歩いたが、近代的なスーパーマーケットにさえ1軒も出くわさなかったというのに、そんな国にいきなりモールができて、シャネルだのコーチだのが並ぶのか？　それに対応した購買力が、本当にこの国にはあるのか？　購買力があるならあったでここは、ODAなり外からの投資なりで集まってきた外貨を、ブランド商品を輸入することで海外に戻す、「国富流出」の一大拠点になってしまうわけだ。だが国民は大喜びだろう。自分に国際ブランドを買うだけのお金がないとしても、冷房の効いた館内を歩き、椅子に座って、貧困国が成長に向かう高らかな足音を聞きながら高揚するだろう。そこに仕込まれた毒饅頭を、食べてしまうのに誰も躊躇《ちゅうちょ》はしない。

夕方、メコン河畔に戻って、赤いテントの並ぶ露天市を歩く。精いっぱいおしゃれした若い地元女性たちが、買い物を楽しんでいる。彼女たちの購買力はどこから来るのか。元をたどれば、ODAと外国からの投資以外にありえない。たまたまそのお金にアクセスできる立場にある層だけが、新しくできるモールの主役として闊歩《かっぽ》するのだろう。

昔ながらの食品市場も残る

メコン河畔の華やかなフリマを楽しむ若い女性たち

だがその先はどうなるのか？　しょせんは通過点であるラオスに、持続的な成長は可能なのか？　いまは「案ずるより産むがやすし」で突っ走るべき時期なのだろうか？

訪問後5年たったいま、ネットの地図で見ると、一連の開発はでき上がっているようである。いったいどのような状況にあるのか、再訪せねばならないと思いつつ、その宿題は宿題のままだ。いずれ現地にて、5年前に考えた仮説のどの部分が外れたのかを検証する機会があればと願っている。仮説を立て、それが外れることを繰り返してこそ、現場でものを見て考える訓練が深まっていくからだ。

ACT3．行く機会も行く手段も限られる小国・東ティモールに足を延ばす

東南アジア11カ国で、ブルネイの次に小さな東ティモール。1万3000以上の島々が東西幅5000キロ以上にわたって散らばるインドネシアの、南東隅にあるティモール島。そのまた東半分だけが、多年の独立運動の末にインドネシアの支配を脱したのは2002年だった。その後余りニュースを聞かないが、いまはどんな状況になっているのか。そして、人口2億6000万人（世界4位）のインドネシアの島々に囲まれた、人口120万人の小国の存立基盤とは何なのか。

シンガポール訪問の機会に豪州のダーウィン経由で東ティモールへ

2018年5月前半。折よくシンガポールから講演の依頼が来たので、この機会に東南アジア11カ国の中で唯一未訪問の、東ティモールに寄ってみようと考えた。そんなところまで行く前に、ジャカルタを定点観測するとか、スマトラ島やスラウェシ島、バリ島といった未訪問の島々に行くのが筋だと、内心の声がするのだが、独立国を名乗っているとついつい先にのぞいてみたくなる。国としての実態があるのかどうかに興味を惹かれるのだ。

東ティモールは島の東半分と飛び地のオエクシ県からなる

しかし調べてみると、行く手段も、行ってできることも限られた、なかなか難しい場所だった。毎日1000便の飛行機が発着するシンガポールのチャンギ空港だが、そこから東ティモールの首都ディリに飛ぶ便は、週に1往復しかない。名前はティモール航空だが、実態はシルクエア（シンガポール航空の子会社）のボーイング737機を乗員ごとチャーターしたものだ。乗客が少ないので、最近週2便から1便に削減されてしまったという。1週間滞在する用事がないと、使えても片道だけだ。所要時間は3時間40分。シンガポールからインドネシアの首都ジャカルタまでは1時間程度だが、インドネシアはとにかく東西に広いので、その東の方にあるティモール島まではずっと時間がかかるのだ。

それ以外の手段としては、インドネシア・バリ島のデンパサールにあるングラ・ライ空港から、インドネシアのLCC（格安航空会社）であるスリウィジャヤ航空、ナムエア、シティリンクの3社が毎日（所要時間2時間弱）、オーストラリア北端のダーウィンからもカンタス航空と提携するエアノースがほぼ毎日飛んでいる（所要時間1時間強）。

ということで普通ならバリ島経由にするところだが、インドネシアのLCCはネットで予約しにくく、安全性評価が低いなど、いろいろ同国らしい問題がある。２００９年とだいぶ前の話だが、エアアジア・インドネシア（マレーシアのLCCであるエアアジアの子会社）に乗ったら、あろうことかパイロットが入れ代わり立ち代わりトイレで喫煙し、最前列席に座っていた筆者は煙でたいへん苦しい思いをしたという経験もあって、どうもこの国のLCCに乗るのは気乗りがしなかった（ちなみにマレーシア本社のエアアジア本体のサービスレベルは高いので、混同されないようご注意願いたい）。予感は当たるもので、２０１８年10月には、ライオン・エアが事故を起こした。航空機事故自体が最近は、南米やアフリカや中東やインドなどを含めても非常に少なくなっているだけに、インドネシアのこの状況は嘆かわしい限りである。

そういうことで今回は、行きはダーウィン経由にして、帰路にシンガポール便を使うことにした。だがそのダーウィンへも日本から直行便はない。そのためシンガポールからダーウィンまでジェットスター（オーストラリアのＬＣＣ）の夜行便で飛び、この機会に同地に１泊。翌朝にエアノースでディリへ。１泊して翌日午後にティモール航空（中身は安全安心快適なシルクエア）でシンガポールに戻る、という三角形プランとなったのである。「国際線は往復利用しないと値段が跳ね上がる」という運賃設定の航空会社が、世界にはまだまだ多いけれども、幸いこの３社は片道利用歓迎だった。

シンガポールを深夜11時に出たジェットスター便は、早朝５時にダーウィン到着。時差が１時間半あり、実乗は４時間半だ。筆者は追加料金を少々払って非常口横の窓際席を確保していたため（それでも片道３万円弱と割安）、足を伸ばし頭は壁にもたせかけて、離陸の少し前から到着時まで眠り通すことに成功したが、満員の乗客の多くは眠るのをあきらめ映画を見ていたようで、降機時に肩をすくめて「ジェットスター・スリープ」と会話している豪州人もいた。

中高層建築のほとんどないのんびりとした首都ディリ

その翌朝、６時半発というこれまた利用しにくい時間帯のエアノース便に乗る。２×２席

ディリ空港の到着ビザ発給窓口

のエンブラエル170機の乗客の多くはマッチョ系の豪州人男性で、東ティモール住民らしき顔は少数派だ。東アジア人は筆者と、隣席の客だけだった。「華僑かな?」と観察していたら、赤色のパスポートを持っている。奇遇にも、ディリのユネスコ事務所に勤務しているという日本人職員だった。休暇でダーウィンに遊びに行って来たのだという。

彼にいろいろと東ティモールの実情を教わっているうちに1時間20分がたち、飛行機は快晴のディリに着陸した。ダーウィンとの時差が30分あり、まだ朝の7時20分だ。ちなみに日本との時差はない。タラップを下りると、花が咲いていて南国の風情だが、建物は大きな倉庫か格納庫の中を仕切って空港設備に転用したというような造りである。

日本人旅行者は空港でアライバルビザを取らねばならないので、ここでユネスコ職員の彼と別れ、古色蒼然とした窓口に並んで、30米ドルを現金で払う。この国の通貨は、この地には何の関係もない米ドルなのだ。これまで旅した中ではパナマもそうだったが、両国ともに米軍基地などないし、英語もほとんど通じない。札は米国が印刷したものを使い、硬貨だけ独自に発行しているのも両国に共通だ。

ちなみにこのシステムは、国内にドル札が豊富に流通している間はうまく回るわけだが、貿易赤字が続いた上に外国からの投資がなければ現金が足りなくなり、経済が回らなくなる。後日訪れたアフリカのジンバブエがまさにそうした混乱の最中だった。パナマの場合には運河の収入が国に入ることでドル札が入手できるのだろうが、東ティモールの場合には何が収入源なのだろう。ＯＤＡだけで何とかなっているのだろうか？

空港の外にはタクシーが暇そうに客待ちしていたが、今晩のホテルは無料送迎サービス付きだった。送迎車は、町の西の端にある空港から、町の東寄りにあるホテルへと走って行く。ディリの地形は単純で、南に幾重にも折り重なる山地、北にバンダ海、その間の平地が細長く市街地になっている。日本でいえば愛媛県西条市のような地形だが、南半球で太陽は北から照るため、頭の中では東西南北が逆転して、海が南にあるように感じられる。

ちょうど通学時間で、多くの生徒が歩いていたが、中高層のビルはもちろんのこと、そもそも大きめの建物をあまり見かけず、車はのんびり走っていて喧騒もないので、人口20万人の首都という雰囲気ではない。明らかに貧乏そうな感じだが、通行人の表情にイライラ感はない。

通学時間に大勢の子どもたちが歩いていた

25分で着いたホテルは、3階建ての学校校舎のような造りで、フロント係はいかなる経緯でここに住み着いたのか、英国人のおばさまだった。まだ8時過ぎだが、綺麗な部屋に入れてくれたうえ、今日も明日も朝食を食べていいという。そこでいただいた食事は、パンのおいしさが特筆すべきものだった。繁栄するシンガポールにも、まずもってこのレベルのものはない。１９７４年まで当地を支配したポルトガルの、唯一前向きの遺産が、料理の味なのかもしれなかった。

しかし9時を過ぎて、外はうだるような暑さになってきた。ホテルの敷地全体が、客の姿もなく静まり返っている。急ぐこともない。メール返信や下着の洗濯を済ませ、部屋のカーテンを閉めて、昼下がりまで仮眠することとした。寝ている間に部屋に蟻が出て、パソコン内部に入り込んでいたのはご愛敬である。

ACT4. 歴史の落とし物・東ティモールが独立に寄せる思い

シンガポールから豪州のダーウィン経由でたどり着いた、東ティモールの首都ディリは、山と海に挟まれて細長く伸びる田舎町だった。南半球なので5月は晩秋にあたるが、赤道に近い当地には容赦なく灼熱の陽光が降り注ぐ。およそ近代産業もなさそうなこの国、というかこの島（の東半分）は、いかなる理由で独立国家を名乗るに至ったのか。

静けさに満ちたホテルでゆっくり仮眠した後、15時から探索を開始した。

小さいが充実した展示の東ティモール抵抗記念館

歴史に翻弄された末の共通語不在

ディリは一国の首都なのだが、政府機関の建物は散在しているうえ、それぞれが小さくて目立たない。そんな中で、海岸沿いに建つコロニアル建築の国会議事堂は目についた。恐らくポルトガル支配時代の政庁ではないか。それに対して、大統領や首相（小さな国だが両方存在する）の官邸は、歩いている限りどこにあるのかわからなかった。一張羅《いっちょうら》のような建物を国会議事堂に使っているところに、「民主共和国」を名乗るこの国の矜持が見て取れた。

その裏手に東ティモール抵抗記念館があった。新興国家には必ずある、国家統合のシンボルたるモニュメントにこれまで出くわしていないが、この地味な建物がそうなのかもしれない。普段は博物館に足の向かない筆者だが、入ってみる。

入館は無料で、入り口には小学校の授業なのだろう、子どもたちの集団が溜まっていた。館長らしき人物が、ていねいに展示を説明している。彼らが生まれる前に何があったのかを、教育しておこうということなのだろう。

展示スペースはさほど広くはないのだが、かなり落ち着いた抑制的なトーンで、なぜこの国がポルトガル、次いでインドネシアからの独立を願い、どのような経過でそれを果たして来たのかということをわかりやすく説明してある。写真や流されているビデオにはショッキングなものもあるが、それでも数ある中から、比較的扇情的ではないものを選んでいる感じがする。筆者もじっくりと英語の説明を読んで回った。

ちなみに説明書きは、ポルトガル語、インドネシア語、英語の3カ国語表記だった。自国名の書き方から判断するに、地元民の話すテトゥン語（インドネシア語と同じオーストロネシア系だが、相互には通じない）は、書かれていない。

飛行機の中でユネスコ職員の彼に教わった、この国の抱える言語問題が、ここに端的に出ていた。曰く、テトゥン語は口語で経済用語や学術用語の語彙《ごい》が乏しく、教育に使えない。ポルトガル語は少数の高齢エリート層と、独立後に教育を受けた若者の中の優等生にしか通じない。インドネシア語は、当地では20年強のインドネシア支配下で教育を受けた中年層にしか通じない。しかもそれら以外に15もの言語が、岩手県程度の大きさの国内に存在している。そのため国民の共通コンセンサスが形成しにくいと。

1976年、インドネシア併合当初に起きた飢饉の記録

本当は、テトゥン語と類似点もあるインドネシア語で教育を行い、第二外国語として英語を普及させれば、インドネシアや豪州、シンガポールなどとの交流は活性化し、経済的なメリットも大きいだろう。ちなみに同じ島の西半分の西ティモールは、東の1・5倍の人口を有し、同じくテトゥン語が最大言語だが、インドネシア領なのでインドネシア語と英語で教育が行われている。だがポルトガル植民地として450年を経過して来た当地のアイデンティティ

ーを継承し、インドネシアによる血の弾圧の記憶を克服するには、ポルトガル語教育が不可欠だと、独立後の指導部は考えたようだ。

そのポルトガルがティモール島の領有を宣言したのは、バスコ・ダ・ガマがインド航路を発見した22年後の1520年。クローブやナツメグを産するモルッカ諸島（マルク諸島）の南西にあたる当地を、香料貿易の拠点港とするためだった。当時の欧州では、腐りかけた肉の臭みを消すスパイスが、非常な高値で取引されていたのだ。

しかし17世紀になると、新興のオランダが現インドネシアの各島を植民地化する。ポルトガルは最終的に、ティモール島の東半分と、飛び地のオエクシ地区（そこに要塞があった）、沖のアタウロ島（流刑地として利用）だけを確保した。

第二次大戦時には、日本軍が進出して来る。ポルトガルは中立国だったが、当地では宿敵のオランダと組んで抵抗し、ゲリラ戦まで行った末に敗れた。日本は日本で、こんなところまで占領してどうしたかったのか、よくわからない。しかし東京が焼け野原になり、広島と長崎に原爆が落ちた時点でも、当地を含む東南アジアの多くは日本軍が制圧したままで、各地に守備隊が置かれていた。結果的には、無用な兵力分散以外の何物でもなかったわけだが。

インドネシアの血の弾圧が生んだ独立への強い意志

戦後、オランダ植民地だった西ティモールは、独立闘争に勝利したインドネシアの一部となる。しかしポルトガルは、日本軍の撤退と同時に戻って来て、東ティモール（飛び地のオエクシとアタウロ島含む）の保持を続けた。当時のポルトガルは、スペインのフランコ独裁をミニチュアにしたようなサラザールの独裁体制であり、アンゴラやモザンビークを筆頭とする植民地の確保に、最後までこだわり続けたのである。とはいえ保持はしたものの、この島自体に産品はなく、香料貿易時代のような要衝性もない。だから、インフラ投資も教育制度の整備もほとんど行われなかった。

１９７４年の軍事クーデターで、ポルトガルはようやく民主化され、各植民地も独立に向かう。しかし当地の場合には、独立を目指す左派勢力、ポルトガル残留を目指す右派勢力、インドネシアへの統合を目指す勢力が対立。そこに、当時スハルト大統領が強権支配していたインドネシアが武力侵攻し、１９７６年には併合を宣言した。

その前年に起きたヴィエトナム、ラオス、カンボディアの相次ぐ共産化の影響を断ちたい欧米は、占領を黙認したが、独立勢力の抵抗は強固で、争乱の中で広範に飢餓が発生。１９９０年代になるとゲリラ戦は下火になったが、住民の平和的なデモに対するインドネシア軍の流血の弾圧が、国際的にも問題化。１９９８年にスハルト政権が崩壊すると独立闘争が再燃し、１９９９年には住民投票で独立が圧倒的な支持を得た。

それでもインドネシア軍の武力鎮圧は続いたが、ついに豪州を中心とした多国籍軍が介入、2002年にようやく独立が達成されたのである。インドネシア支配の間に弾圧や飢餓で失われた人命は、住民の数分の1に相当する20万人ともいわれ、他方で独立時には、ムスリムを含む親インドネシアの住民の多くが西への移住を余儀なくされた。

その後も、左派勢力と中道勢力の政争が続き、折々に混乱の報道される東ティモール。しかし実際に歩いてみたいまの様子は、平和そのものだった。裏路地では子どもたちが裸足で遊び、鶏が駆け回りのんびりしている。格差を示すような豪邸は、歩いた範囲では見当たらず、貧しそうでもカメラに笑顔を向けて来る人が多い。

午後7時を過ぎると街路は、電力不足なのか街灯を整備する資金が足りないのか、真っ暗になってしまったが、ホテルに戻る道すがら、治安の悪さや身の危険はまったく感じられなかった。

しかしそれにしても、飲食店の数が少ないのには困った。スタバやマックがないのはいいとして（なぜかバーガーキングは何店かある）、東南アジアの風物詩である屋台すらどこにも見当たらない。

結局ホテルの近くで、地元料理も出すという（おそらく当国で一番値段の高い）外国人向けのレストランに入ってしまったのだが、味は上品かつオリジナルで、たいへんによろしかった。ふんだんにカルダモンが使われていたが、香料貿易の中継拠点だった当地の面目躍如といったところだろうか。また当国は、水がいいということなのか、オランダのハイネケンの東南アジア工場に、なぜかインドネシアのビンタンビールの工場まで立地しているという。普段は地ビールしか飲まない筆者だが、この国ではこの大手ブランドが地ビールということなので、両者とも鮮度の高い一杯を味わった。

往生際悪くも、島を分断してまで支配のための支配を続けた結果、今日に至る紛争の種を蒔いてしまったポルトガル。しかし朝食時に続いて夕食時にも、その唯一の遺徳かもしれない料理文化だけは堪能できたのだった。

それにしてもこの国はいかなる産業に依拠して「食べている」のか。ここまでのところはまったくよくわからない。

ACT5. 東ティモール 油田依存経済の次はまだ描けず

ポルトガルの植民地として450年支配され、その後のインドネシアによる併合をおびただしい流血の末に脱した東ティモール。だがいまは、貧乏で素朴な田舎の島だ。この何もない国のどこに、独立を支える経済基盤があるのか。

ディリ中心部の東ティモール抵抗記念館を出た筆者は、ひたすら西へと歩いた。機内で隣だった当地在住の日本人ユネスコ職員の話では、4キロ余り先に、この国唯一のショッピングモール「ティモールプラザ」があるはずだ。

ショッピングモールに見る購買力の低さ

ほどなく「ディリの銀座四丁目」とでもいうべき交差点に出くわした。角にある店が大音量の音楽を鳴らし、やや車の通行量が多い。しかし帰国後に写真を見直すと、言われなければ商業地区とはわからない程度の混雑だった。

中心部で一番繁華な「ディリの銀座四丁目」

その先には、当地伝統の民族文様の布を売る店が20軒ほど集まった「タイス市場」が現れた。土産物探しには好適の場所だと思われるが、客の姿はない。そもそも観光客がほとんどいない国なので、仕方がないだろう。店の裏側には洗濯物がたくさんぶら下がっていた。商店主はこの小屋のように狭い店内で、家族で暮らしているということか。

その後はディリ唯一の東西幹線路を歩く。当地唯一の公共交通手段である、ワゴン車を改造したミニバスが続々と走って来る。料金は25セントと格安のうえ、一本道なので乗れば間違いなく着けるが、歩かないとわからないものも多いので、我慢して歩く。幸いもう夕方5時台で、陽射しは弱まっていた。

小半時でティモールプラザに着いた。都心にはなかった大きさの5階建てビルで、玄関の上にはキリンやライオンなどの像が取り付けられている。動物園のないこの国では見る機会のない生き物で、子どもは見れば嬉しいだろう。

ティモールプラザの前で喧嘩する貧しい少女たち

しかし建物前の駐車場で、筆者の心は沈んだ。車の窓を拭いてお金をもらう貧しい少女が2人立っていて、しかも車が来るたびに相手より先んじようと激しく蹴り合っているのだ。ここに車で買い物に来る層というのは、よほどの特権階級か、援助関係の外国人かだろうが、彼らとこの子たちとの違いは、生まれた場所や親の違いでしかない。道々で見かけた子どもたちも、みな明るい表情をしていたが、思えば履いているものが靴か草履か裸足かで、彼らの間にも貧富の差があることが歴然と見て取れた。

中に入ると、中央は地下1階から2階まで吹き抜けになっており、その周囲に雑多に店が並んでいた。ざっくり言って内装も商品もセンスは古く、飲食店のメニューを見ると外国人相手なのか値段は驚くほど高く、外の駐車場は満車状態だったのに店のほとんどは客もまばらである。吹き抜け下の広場に何人か若いスタッフが集まって来て、何かの広告イベントなのだろう、ゲームのようなことを始めたが、まったく参加者が集まらないので途中でやめてしまった。

路肩で魚を売る漁師の子ども

一角にはこの国最大級のスーパーもあったが、加工食品はもちろん、売られている肉まで輸入品（冷凍モノ）ばかりなのには驚いた。この国ではそこら中で鶏が放し飼いになっており、翌朝には肉牛が放し飼いされているのも見たが、そうした当地産食材は飼い主の自給自足に回されていて、それを店頭に並べる流通システムはないのだろう。

まだまだ購買力が乏しいのだろうなと思いながら裏手に抜けると、これまた値段の高い和食レストランがあり、大阪が本社のシュークリームチェーン店もあった。マックもスタバもない国に進出する意気は買うが、業績は上がっているのだろうかと、ちょっと心配になった。

昭和に一部21世紀がくっついたような印象だったティモールプラザを出て、北に向かう。海岸に近づくと、道沿いに箱を置きその上で魚を売っている漁師たちがいた。冷蔵設備はもちろん氷もないので、傷みは早そうだ。思い起こせば、先ほどのスーパーには鮮魚売り場もなかった。だが18時を過ぎてこの売れ残り具合では、彼らの懐も苦しいだろう。

浜辺沿いの道を都心に戻る。砂浜では裸足の男たちが、ゴールポストなきサッカーに興じている。大勢の地元民が、夕涼みに出ていた。海の水はまあまあ澄んでいるが、あちこちにある溝から、汚水が直接流れ込んでいる。下水道を整備しないと、せっかくの水質も年々悪化していくことになりそうだが、そのお金はないのだろう。

運動に励む真面目な住民たちは、油田頼みの経済を脱せるか

翌日の夜明け前、日が昇って暑くなる前が勝負と、市街地から東へ向かう。7キロほど先、大きなキリストの像が建つ「クリスト・レイ」という岬まで歩く算段だ。途中にはいくつかビーチがあり、海沿いに客席を並べたレストランもいくつかあったが、早朝なので当然閉まっている。昨晩はここまでたどり着かなかったが、夜は客がいるのだろうか？

明るくなるほどに、大勢の住民が歩いたり走ったり自転車に乗ったりして、エクササイズしているのに気付いた。早朝から浜辺で、裸足でサッカーをやっている男たちもいる。岬の

上へは石段を長々と上っていくのだが、やはり多数の老若男女が歩いていた。そんな姿を見つつ思い起こせば、この国には確かに、他の発展途上国には多くいる肥満体の人が少ない。貧しい国とはいえ首都住民には、先進国の人々のように運動する習慣が広まっているのかもしれない。

キリスト像の下まで着くと、ディリの町が一望かと思いきや、大きな建物が少ないために、どこからどこまでが市街地かはよくわからなかった。むしろ市街と反対の方向の崖の下にある、無人のビーチの美しさが目に焼き付く。ここから東にはまだ汚染されていない海が広がっているようだ。島の東端までは240キロほどだが、悪路なので車でも6~7時間はかかるという。

ウォーキングする人で賑わう早朝のクリスト・レイ

帰りはだんだん日差しも強まって来た。さすがに疲れて、ミニバスに乗る。女学生など女性ばかり乗ってきてぎゅうぎゅう詰めになったが、ホテル近くで当方が慌てふためいて降りると、緊張が解けたのか彼女たちは一斉に、面白そうに笑った。
ということで首都を東へ西へと歩き通して、結局見えてこなかった当国の経済基盤は、島の反対側、豪州との間の海域にある油田・ガス田らしい。インドネシアによる占領時代に、占領を黙認した豪州が、インドネシアと共同開発したものだが、その中のどこに国境を引くかが独立後に国際係争となり、2018年3月に全体を東ティモール領とすることでようやく解決をみた。

ただ、その油田・ガス田の中にはすでに枯渇したものもあるし、近い将来の枯渇が予測されているものもある。政府はいまのうちに基金をためこんでおり、その一部を道路整備などの公共事業に投入、その恩恵で食べている国民も多いらしいのだが、そのやり方は早晩限界を迎えるだろう。

それでもこの国には他に三つの資源がある。ビーチや料理文化などの観光資源、明るく素直な国民性、そして（石油・ガス収入の分配のおかげだろうが）インドネシアやフィリピンと比べればまだしも小さめに見える階層間格差だ。ゴミや下水による自然破壊を食い止め、教育で階層横断的な一体感を強め、近隣のインドネシア領の諸島とは違い国際航空路を持っているという強みを生かせば、エコツーリ

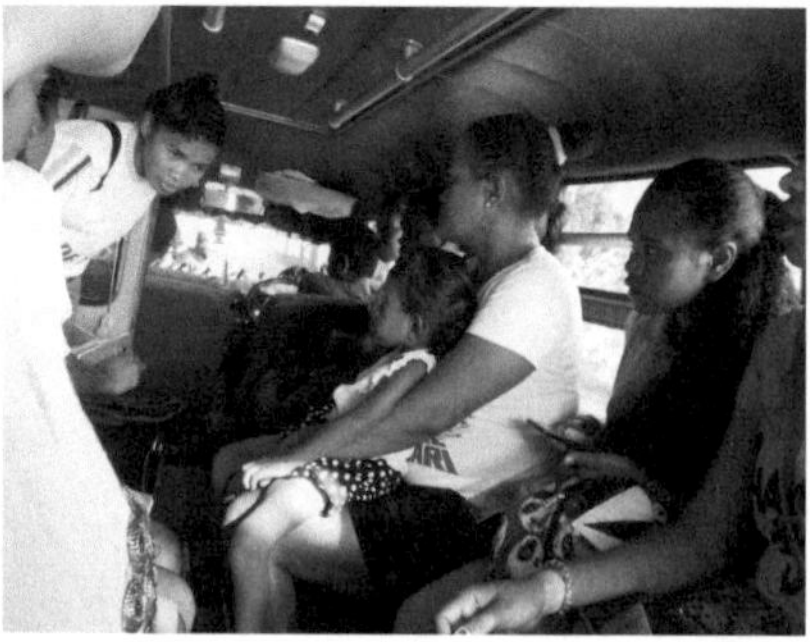
ミニバスに乗ったら女性ばかりだった

ズムを主体とした観光立国が可能ではないだろうか。

独立時にムスリム系住民が西ティモールに移住したため、国民は99％以上がキリスト教徒だ。８割以上がムスリムのインドネシアと対照的に宗教対立はなく、ハイネケンやビンタンビールも当地産であるくらいで、お酒や豚肉も自由に出せる。ただその戦略で行くにしても、インフラにも人材にもこれから大きな投資が必要だ。そこに成功しない限り、ＯＤＡや石油・ガスの収入が、ティモールプラザのような施設を経由して海外に還流する構造が続くだけだろう。

岬から戻って、朝食を取り、酷暑を避けてまたまたゆっくり二度寝する。「喧噪のシンガポールと真逆な、この未発展な、何もない、時間にまったく追われないのどかさも、それはそれで心地よいのだが」と思いつつ。

ＡＣＴ６．南米パラグアイの首都アスンシオンに飛ぶ

アスンシオンと聞いても、どこかも知らなければ関心もない人がほとんどだろう。だが筆者にとっては、小学校４年生当時に背伸びして買ってきた世界地理の本で読んで以来、いつも頭の片隅にある地名だった。当時もいまも南米最貧国とされるパラグアイの、紹介される

機会のない首都を歩いてみて感じた「21世紀の希望と落とし穴」とは。

先住民文化を尊重し混血を進めて来た独自の歴史

2018年の正月明け。前年3月に23年ぶりの南米旅行でチリとボリビアを訪れ、8月に再度アンデス地方を巡った筆者は、この1月にもまたまた南米へとやってきた。前々回にたどり着けなかったアルゼンチン最南端のウシュアイアをメインに、24年前に訪れたきりのブエノスアイレス（アルゼンチン）、モンテビデオ（ウルグアイ）、サンパウロ（ブラジル）の再訪、それからアスンシオン（パラグアイ）の初訪問を狙ったのである。

ウルグアイとパラグアイは混同されやすいが、前者はかつては食肉輸出で先進国並みに栄えた歴史もある海沿いの国、後者は内陸の貧困国で、両者の一人当たりGDPには3倍の差がある。そのウルグアイの首都モンテビデオの空港から、15時過ぎ発のアマゾナス航空に乗って平原地帯を北上すること2時間、アスンシオンの空港に着く。機材はカナダ・ボンバルディア社製の小型ジェットの名機CRJ200で、機内は清潔、快適だった。

アスンシオンの町は、ブエノスアイレスを河口とする大河ラプラタ川の大支流、パラグアイ川に面して広がっている。英語でいえば「アセンション」、日本語でいえば「被昇天」。聖母マリアの被昇天にちなんだ命名だ。スペイン人がこの町を建設したのは1537年、アン

南米諸国。パラグアイとウルグアイが混同されやすい

デスのかなたでインカ帝国が滅亡したわずか4年後だった。しかし現在のパラグアイ国民の9割は、先住民グアラニー人の血を引いた混血で、白人系が大多数のアルゼンチン、ウルグアイ、チリとも、黒人系の多いブラジルとも、国内の雰囲気は違う。ボリビアやペルーに近い感じだ。

　グアラニー人は農耕民で、周辺の狩猟系先住民と対立していたことから、新参のスペイン人と同盟を結んだ。その後19世紀初頭までのスペイン支配時代のこの地域は、在来文化を尊重する布教方針を持ったイエズス会の主導で、原始共産制コロニーのような様相を呈していたという。

　1811年の独立後にも、独裁者フランスア博士が、白人大地主を追放し民族間の混血を強力に進めるという特異な政策を取ったことで、グアラニーの血統を誇る国民性が確立された。学者出身の独裁者が独自の理論に基づき強権を行使したというのは、第二次大戦前後のポルトガルのサラザール教授と似ている。

しかし、明治維新と同時期にイギリスが裏で糸を引いて戦われた三国同盟戦争で、パラグアイはアルゼンティン、ブラジル、ウルグアイに大敗を喫し、国土の3分の1を失った。50万人以上いた国民が20万人少々になったというのだから、その凄惨さには言葉を失う。この時期のイギリスは、中国ではアヘン戦争を、南アフリカではボーア戦争を仕掛け、インドではセポイの乱（インド大反乱）を制しと、帝国主義の最たる実践者として振るまっていた。また米国の南北戦争やイタリア独立戦争などが典型だが、同時期の戦争では急激に発達する兵器の火力に使用側の意識が追い付かず、人命の損耗がそれ以前とはけた違いに拡大する傾向があった。同じころの日本の内乱（戊辰戦争や西南戦争）が、一部に激戦があったとはいえそこまで凄惨な流血の応酬にならなかったのは、一部見識ある当事者と幸運のおかげだろう。

それでも懲りずにパラグアイは、1930年代に同じく

パラグアイ川の入り江にあるビーチ

パラグアイ川沿いに建つ大統領官邸前

先住民の血を引く国民の多いボリビアとチャコ戦争を行って領土を得るが、4万人の人命を失った。以降ようやくこの国は、対外戦争から手を引く。欧州が両大戦に突入して行って、その末に域内での戦争をやめたのと似たようなところがある。

　しかしその後もこの国は、内戦や、当時南米最長の軍事独裁などを経験し、経済発展の機会を逃し続けた。1980年代末に民政に移行して以降も、軍部の影響力の強い政治運営が続いているというが、最近は政情不安のニュースを聞かない。いまの実情はどうなのだろうか。

　アスンシオンの空港は市街の東北にある。そこから南西に広大な新市街、その西の先に碁盤の目状の旧市街と続いている。旧市街中心部の老舗ホテルまで20キロを、タクシーで30分、2400円で着く。降りてみると昔の栄光をとどめたコロニアル調の建物だったが、老朽化は否めない感じだ。ホテル周辺の街路にも由緒ありげな建物が並ぶが、通行人の姿は少なく、ボリビアのラパスや、エクアドルのキトなど、これまで訪れた南米の途上国の首都とはまったく違う閑散ぶりである。この街の都市圏人口は20

0万人もあるはずなのだが、まるで米国の都市のように、都心の空洞化と荒廃が進んでしまっているのか？　そこまで車社会化するほどの富があるとも思えないのだが。

家族連れで賑わうビーチの真横のスラム

人があまり歩いていない場所ほど、治安面にも問題があるのが常識だ。だが筆者は、危ない場所を見分ける自分の嗅覚を信じて、夕暮れの旧市街を歩き始めた。しばらくすると、この旧市街には通行人もいないが、所在なさげな失業者やホームレスまでもがいないこともわかってきた。

かつては目抜き通りの交差点だっただろう四つ角に、6階建ての百貨店があったが、中にも周囲にも人影がない。この光景はまるで、日本の地方都市の忘れられた旧市街にそっくりだ。ぱらぱらと残る飲食店にはまばらに客の姿があったが、物販が消えて飲食が残るのは、これまた日本の地方都市と同じである。

街路の一部に廃止された市電の軌道が残されていたが、ここにかつて走っていたであろう電車はもちろんのこと、途上国であれば道を埋めて走っていることも多いミニバスや、タクシーなどの公共交通機関もほとんど見かけない。かといって自家用車も少ない。つまるところ、著しい車社会化、郊外化が進んで、旧市街全体が置き去りにされている状況だとしか思えなかった。ということは、郊外にはにぎわう地区があるのだろうか。

パラグアイ川のほとりへと緩傾斜を下りていくと、旧港とでも呼ぶべき使われなくなった港湾設備があり、その先の入り江に面して公園が整備されていた。熱帯なので川の水は流出する土壌で濁って茶色だが、岸がビーチになっており、泳いでいる子どももいる。駐車場には車が並び、中流以上の層なのだろうか、多くの家族連れが憩っていた。子ども用の足こぎカートや自転車が貸し出され、出店も多く出ている。ようやくラテン的なにぎわい空間を見つけてほっとした。

アスンシオン旧市街のひと気のないデパート

しかし公園と道路を挟んだ反対側を見たら、現実に引き戻された。ごみで埋まった沼地の向こう、旧市街に向けて上がる斜面に、スラムが広がっているのだ。電気の引かれていないバラックもあるようだ。上下水道もないだろう。ネットを含めどの地図を見てもその一角は、道路の書かれていない空白地帯になっている。不法占拠地ということなのか。

見物気分でスラムの中に踏み入るのも、礼儀知らずだし危ないので、道路の上から眺めていたら、バラックの間の空き地に、火を囲む女性たちの姿や、何か作業している半裸の男たちが見えた。遊んでいたビーチから上がってきて、筆者の横をすり抜けたTシャツにサンダル履きの女の子が、沼地へ下り、バラックの間の泥道へと消えて行く。これから思春期を迎えるであろう年ごろだ。服装はまったく普通だったが、彼女もあそこの住人だったのか。

見ていると、他にも何人か子どもがスラムの方向へ戻って行く。自家用車で来ているその他大勢の子ども連れはみな、そのことに気づいてもいなければ、気に留めてもいないように見えた。

ビーチからスラムに帰る女の子

その夜、市街地に残っていた老舗のバイキングレストランで、少ない客数に比べあまりに大量に用意されていた地元料理を詰め込みながら、これまで訪れたどの途上国でも見なかったような、格差がもろにむき出しになったあの光景を反芻する。所得格差と、中心市街地の空洞化が同時に拡大しているというのであれば、一人当たりGDPで当国の10倍近い米国で起きているのと、まるで同じではないか。

しかしながら米国は、曲がりなりにも自動車生産国である。国民が自動車を買えば、メーカーの国籍を問わず組み立て工場や部品工場が国内にある分は、国内経済にお金が還流する。しかしパラグアイを含む南米では、車は生産されていないだろう。車をステータスシンボルにして、皆が喜んで買えば買うほど、国富は流出してしまうわけだ。ラオスや東ティモールのショッピングセンターも毒饅頭だったが、パラグアイの車社会化と市街地空洞化はさらに質の悪い毒饅頭に思える。

明日は郊外に向かって歩き、この認識が正しいのかを確認してみよう。

駐車場には中流以上の人たちが持つ日本車が並ぶ

ACT7. パラグアイのアスンシオン 断崖のような格差に目の眩む午後

1974年に世界地理の本で読んで以来、いつも頭の片隅にある地名だったアスンシオン。

そこで見たのは、途上国的な雑踏が皆無の閑散とした旧市街と、そのすぐ横の河畔に車で乗り付けて憩う中流層らしき人たちの、見事なコントラストだった。何がどうなっているのかを知ろうと、翌日は郊外の新興開発地を目指して歩く。

巨大ショッピングセンターが過当競争する新市街地

その日は日曜日で、都心は土曜夕方だった昨日以上に閑散としていた。観光客もほとんど見かけないので、公園で骨董を売っている露店も暇そうだ。その先に、旧アスンシオン駅が残されていたので寄ってみる。これまたコロニアル調の立派な建物で、小さな博物館になっている。

筆者が70年代に小学校のときに読んだ地理の本には、この駅に停まる薪焚きの蒸気機関車の写真が載っていた。35年にもわたった独裁者ストロエスネル大統領の支配下、当時の経済は停滞していたという。駅の中に入ると、本で見た通りに蒸気機関車と、客車が保存されていた。しかし独裁は89年に終わり、車社会化の中でこの駅も90年代に廃止

旧アスンシオン駅。中には客車が保存されていた

された。南北米州の多くの町がたどった、交通手段を道路に特化させるという残酷な道を、この町も同じようにたどったのである。

そこから南南東へ、さらに密度の薄くなった市街地をひたすら歩いて行く。途中に墓地があった。周囲を壁で囲まれ、門の前では貧しそうな一家が花を売っている。入ってみると、コンクリートで作られた立派な納骨堂が並んでいた。形は違うが沖縄の亀甲墓と同じで、一族が継承して使っているようだ。おそらく火葬はされていないので、納骨堂の中には骨の入った棺おけが重ねられているのではないか。ここに入れない庶民の場合はどうするのか、逆に興味がわく。

旧市街地を出てから1時間、ようやく郊外型の商業施設が現れ始めた。まずはショッピング・マリスカル。道を挟んだ2棟のガラス張りの商業ビルを、3階の渡り廊下で連結しており、まるでこれまでとは違う国に来たようだが、客の数はまばらだ。この国の購買力はまだこんなものなのか？ と思いつつ、今度はそこから北東に向かう。

さらに20分ほど行った先に、ショッピング・デル・ソルというのが現れた。こちらは周囲を駐車場に囲まれた、細長く湾曲した2階建てで、真ん中に吹き抜けを持つ、より車社会に適応したタイプだ。先ほどのを90年代型とすれば、こちらは２０００年代型と言うべきか。このままアメリカに持って行っても十分に高級モールとして通用しそうで、とても南米の貧しい国のものという感じではない。少なくとも、ボリビアのラパスにあった同国最大のモールよりは、外観も中身も20年は先を行っている。しかし外側に設けられたオープンテラス型のレストランには、もう昼時なのに客の数は少ない。中に入ると、ぐっとあか抜けた高級店が並んでいたが、これまた人があまり歩いていない。やはり購買力が追いつかないのか。

だがさらにその先にあったファーストフード中心のフードコートは、より高級な路線の屋外レストランとは対照的に、新興富裕層然とした家族連れで埋まっていた。なるほど、車で乗り付けてファーストフードを食べる階層なら、すでにこの国にも育っているわけだ。

モール内の売り場はどこか閑散としていたが、飲食コーナーには人が集まっていた

広大なＳＣ（ショッピングセンター）の一角には、高級食材ばかりを集めた食品スーパーもあった。世界のビールだの、ワインだのを大量に並べた棚もある。この店内にはそれなりの客がいたが、多くがこの国在住の外国人のようだった。駐在員の奥様御用達というところか。海外から給料をもらっている層が、ここで海外のものを買うというのは、これまた国内経済の循環には無関係の、途上国らしい現象

だった。

外に出てさらに先に行くと、壁面が湾曲したバブリーなオフィス&ホテルの双子ビルが現れた。その2棟の間に、パセオ・ラ・ガレリアという、さらに最新型のSCを見つける。入ろうと思ったが、正面からは庭園の間に設けられた歩行者専用路をぐねぐね上がっていかないと扉まで辿りつかない。まるで客に「来るな」と言っているような珍妙な設計だと思いながら上がってみると、閑散としていた正面入り口からは想像もできないほど、中には大勢の客が歩いていた。裏側の駐車場に車を止めて入って来る客の方が圧倒的多数なのだ。

車で来た家族で賑わうパセオ・ラ・ガレリア

このSC自体は5~6階建ての箱型で、中には巨大な吹き抜けがあり、上層階にあるフードコートは、先ほどのSC以上に多くの地元の人で埋まっていた。なるほど郊外では、中流以上の層の限られた購買力を狙って矢継ぎ早にSCが乱立し、激戦を繰り広げていたわけだ。
これでは、半島のようにパラグアイ川に突き出した形状の旧市街地の、商業地区が寂れるのも当然だ。街によっては半島状であっても景観の良い旧市街地の方に高級住宅地が残り、その購買力で市街地商業が維持されるケースがあるが（サンフランシスコやシアトル、5章で紹介するレバノンのベイルート、モザンビークのマプトなどが典型）、この街の場合には高級住宅の方が先に逃げ出してしまった感がある。

それにしても、いままで見てきたSCで売られている商品のほとんどが輸入品だ。客がうれしそうに乗って来る自家用車も、日本をはじめとした外国製である。ここでの消費は、国内に循環せずに外国に流出してしまう。ではそのお金の出元は？　援助や投資で外国から流れ込んで来たお金だろう。地元の新興富裕層は、自分たちは経済的な勝者だと思っているのかもしれないが、実際には外国から来たお金を外国に戻すポンプ役を果たしているだけではないのか。

ただ考えてみれば、同じことは日本の地方でも起きている。北海道や四国や沖縄の郊外の大型店に、本州産の物品がずらりと並んだ棚があるというのと、ここで起きていることの本質は同じなのだ。いや、パラグアイなら顧客は外国人や一部の富裕層だけだが、日本なら顧客は普通の地方住人であり、お金の地方から都会への還流具合はより深刻

モール内の高級輸入食品スーパー

ともいえる。

スラム、テント、そして路上という、貧困者の間の格差

午後2時近くになっていたが、地元らしいメニューのまったくないフードコートの店に食欲はわかなかった。皆が車で来るために、実に暇そうに客待ちしていたタクシーで、旧市街に戻る。余りにどこの国かわからないSCの様子の毒に当てられ、昨日夕方のローカル色あふれたビーチの光景が懐かしくなり、河畔で降りた。しかしあのにぎわいは土曜夕方だけのものだったようで、日曜午後のビーチには嘘のように人影がなかった。

しかたなくホテル方向へ戻って行くと、先ほどのSC群で見た光景が夢のように、昔市電が走っていた跡の残るパルマ通りには人影がない。百貨店にも相変わらず誰もいなかった。大統領府近くの空き地には、テントを張って住みついている人々の姿がある。昨日見たスラムの住人にはまだ壁と屋根があるが、彼らにはそれすらない。貧者の間にも階層があるわけだ。しかし見ていると、テントの周辺にも家族の団らんと屈託なく遊ぶ子どもたちの姿があり、筆者は悲しむべきなのか喜ぶべきなのかわからなくなってしまった。

しかしさらにその先、左側の歩道の脇で、いかにしても喜びようもないものを見てしまった。あろうことかまだ10歳そこそこの女の子が、路上に寝ている。段ボールも敷かず、毛布

もなく、Tシャツとミニスカートで、たった一人でひっくり返っているのだ。スラムの住人より貧しいテント暮らしの人たちにも、まだ家族と仲間がいた。だがこの子には仲間も家族も、親兄弟もいないのだろうか？

こんなことがあっていいものだろうかと、頭がくらくらする。周囲には人っ子一人いないので、彼女に手を出す者もいまはいないが、逆に守ってくれそうな人もいない。こんな状況までをも「本人の自己責任だ」とか「生まれた場所が悪かった」とかいう資格は、たまたまうまいことお金を持つ家に生まれて楽をしている階層にはない。ましてや、たまたまうまいことお金を持つ国に生まれて楽をしているいまの日本人には、まったくもってないだろう。

だが一義的な責任は、やはり同国民にあるというのが、いまの国民国家の仕組みである。この国はいまどこかと戦争をしているわけではない。この子がせめてテントで安全に暮らせるくらいのことは、SCのフードコートで日々廃棄されている食材の金額に比べればたやすいことではないのか。

10歳くらいの少女が路上で寝ていた

そう偉そうに語る筆者だが、その場でやったことといえば、見て見ぬふりをして通り過ぎただけだった。口だけの評論家とはこのことだ。いまさら何の償いもできることではない。しかしあの光景を忘れることだけは、死ぬまでないだろう。国家の独立、経済成長、自由と繁栄。21世紀初頭の地球人類が大好きなこれらの言葉が、何百遍繰り返し聞かされてもうつろなお題目にしか響かないほど、一人の少女が現実として生身で背負っている運命の過酷さは消し去れないものだった。

〈コラム　現地通貨はATMでゲット〉

着いた空港のATMにクレジットカードを入れて現地通貨を引き出すというのが、筆者の海外旅行の基本スタイルだ。

中にはスウェーデンのように有料トイレまでがクレジットカード化されている、まったく現金が不要な国もあるし、ロシアもそれに近い。だが多くの途上国では、現金がないと水も買えないしチップも払えない。そこで重宝するのがATMである。筆者はひたすら歩くのが身上で、バスやタクシーにはめったに乗らないのだが、どうしても乗らねばならない場合、クレジットカード決済されるウーバーが走っていない国であれば、やはり現金が重要だ。

そもそもクレジットカードの両替レートは銀行より有利なので、ATMを使っても、手数料や利子を取られる分を入れても損はしない。「海外のATMを信用して大丈夫なの？」と疑問に思う方もおられるかもしれないが、筆者はトラブルに遭ったことはない。万が一番号が盗み取られるなどして不正利用が起きた場合にも、カード会社が保険でカバーするので、当方の負担にはならない。

ATMはカードを入れないと稼働しないので、カードが戻って来なかったら？ と不安になるが、壊れている機械は最初からカードを飲み込むこともないので、飲み込まれたカードが戻って来なかったこともない。それは、ラオスのような貧困国でも同じことだ。飛行機も車もATMも、世界共通で高水準のものしか使われなくなったため、21世紀の地球では機械関係のトラブルは大きく減っているのである。日本円の現金をのこのこ持っていくよりも、よほどリスクは少ない。

ただしこれまで、経済混乱が理由なのだろう、ATMが稼働していない国に2国だけ行き当たって往生したことがある。中央アジアのウズベキスタンと、アフリカのジンバブエだ。前者ではどこにもATMというものがなく、後者は街頭の至るところにATM

があるにもかかわらず稼働していなかった。そういうことがあるので、米国などでATMから引き出したドル札を、常にリュックの奥底に200ドル程度は入れて歩くことにしている。だが、100カ国以上行った中での2国だけであることから考えれば、そういう目に遭う確率はずいぶんと低いと言えるのではないだろうか。

第2章

ニューヨーク・再生と格差拡大の現場

「ニューヨーク。好きになるか、嫌いになるか、二つに一つしかない街」。

これは筆者が山口県で高校時代を送っていた1981年に、テレビで流れていた洋酒のCMのコピーだ。作家で、プロ級の釣り師でもあった開高健《かいこう》が登場して、マンハッタン島の鼻先で大物釣りに挑戦し、「私は、ニューヨークが好きになった」と語って終わるのだが、そのセリフ回しは、巨大魚や酒に興味がない高校生の頭にも、強い印象となって残った。

その4年後の1985年、大学3年の夏に、バスで米国を横断する貧乏旅行を試みて、初めて実際にこの街に足を踏み入れた。ひどく不愛想で、不潔で、それでいてエネルギッシュな姿は、東京と対極の姿として胸に刻まれた。

さらにその3年後の1988年春、卒業旅行でシベリア鉄道に乗り、陸路と海路でロンドンにたどり着いた後、帰国の際に飛行機で寄ったニューヨークは、治安の悪化が頂点に達した頃合いだったが、それでもその前に辿ってきた欧州よりはよほど見慣れた、懐かしい世界であるという感じがした。一度訪れただけの旅行者をも〝ニューヨーカー気取り〟にさせる、不思議な懐の深さがこの街にあることを、筆者はそのときの体験から感じ取ったのである。

さらにその4年後の1992年の秋から、1年9カ月、筆者は妻を連れてこの街にあるビジネススクール（経営大学院）に留学した。本当はもう少し治安のいい町に行きたかったのだが、あちこちに願書を出したのが遅すぎて、ほとんど合格通知が届かず、選ぶ余地がなかったのである。いまでは信じられないことだが、当時その大学では、ニューヨークの治安の悪さと生活費の高さ、それに折からの不況があいまって定員割れが起きていたらしい。それゆえに、アポなしで入試担当のところへ押しかけて直談判したら、英語で自分を売り込む姿勢が評価されたのか、「私を入れたら、後できっといいことがありますよ」と大見得を切ったのが受けたのか、合格させてもらえたのだった。こういう手法はもちろん日本では通じないし、米国であってもルールと秩序を重んずる多くの大学では好まれないだろう。無理筋であってもチャレンジしてくる人間に一度チャンスを与えるというのは、どうも特にこの街だけに深く根差した気風であるように思える。

飛行機から見たマンハッタン島。
手前がイースト川を挟んだブルックリン

ところで実際に夫婦で住んでみたニューヨークは、当時は家賃がいまのように高騰していなかったこともあり、思いのほかリバブルな場所だった。治安がどん底から回復基調に入って数年という時期で、麻薬中毒者が公園にごろごろしている地区だとか、通行人がギャングの抗争の流れ弾に当たって死んだ地区だとか、いまでは考えられないような場所もまだたくさんあった。しかし昼間のマンハッタン南部であればほぼ問題なく出歩くことができたし、夜でも歩ける地区も都心中心にどんどん拡大しつつあった。妻は普通に地下鉄で買い物に出かけ、毎日のようにセントラルパークやリバーサイドパークで、夫婦で散歩を楽しむこともできた。早春の水仙、春の桜やコブシは、とりわけ見事だったのである。

筆者は中古の自転車を手に入れて乗っていたのだが、自転車でマンハッタン内の道路を走るのなら、夜中でも危ないということはなかった。これまた当時はおおらかで、自転車を地下鉄に勝手に持ち込めたので、二十数系統ある地下鉄の終点まで行って、自転車で他の終点に移動し、また戻ってくるというような手法で、地下鉄の全線にも乗ってみた。ただし時刻表はなく、車両はぼろぼろで、線路が整備不良なところはのろのろ運転である。ひどい乗り物ではあったが、当時はどこまで行っても75セントと格安なのだった。ちなみにいまは2ドル75セントと、料金は4倍近くになっている。いわゆるインフレであり、それなのに1ドルが当時の90円台から110円台へと円安になっているというのは、どうにも解せない。

思い出話が過ぎた。だが、四半世紀前のこの経験が、筆者の50歳を過ぎての世界の街歩きの再開の原動力の一つとなっていることは間違いない。当時のニューヨーク在住のまともな日本人の多くは、危険を避けるばかりで、筆者のように探検を繰り返している人はほとんどいなかった。「日本人の間の噂では真相はわからない、自分の目で見て真相を感じ取る訓練が必要だ」ということを、筆者はこの原体験から学んだのである。

その後も、何度訪れても新たに何かを発見させられる街・ニューヨーク。以下は直近の見聞からのご報告である。

ACT1．街の新名所「ハイライン」を歩く

世界貿易センタービルへのテロ攻撃が、混沌の21世紀の幕開けを告げたのも過去の話となり、深い傷を負ったニューヨークも、世界中から人の集まる集客交流都市として一層パワーアップした姿を見せるようになった。老朽都市インフラのリニューアルが進められ治安の悪い地区も劇的に減少している。そのような再生の現場で気付く、まちづくりの〝NYらしさ〟と創造性、そしてその裏にある金勘定とは。

シンプルな名称と、歩きたく、休みたくなるきめ細かい工夫

2017年10月、ボストンでの講演の際に立ち寄ったニューヨーク。知人との会食まで3時間少々の余裕があった。せっかくの機会なので、あれこれ聞いたままで未訪問になっていた場所を確認しようと考える。行き先は、まずは3年前におおむね完成を見た「ハイライ

建設当時（1934年）の鉄骨構造がそのまま残されているハイライン

ン」とした。

英語はシンプルだ。「ハイライン」を訳せば「高い線」。その実態は、マンハッタンの西南部に放置されていた高架の旧貨物線の一部を、延長2・3キロの遊歩道（というか細長い公園）に造り替えたものである。

普通の英語では、高架線は「エレベイティッドライン」だ。しかしそういうハイソな単語ではなく、米国に来たばかりの移民でもわかる「ハイ」を使うところに〝ニューヨークらしさ〟がある。１９３４年に完成し80年まで使われていたという貨物線時代から、実際に「ハイライン」と呼ばれていたのだろう。当時の沿道は「ミート・パッキング・ディストリクト」（語感を保って訳せば「肉ばらし横町」）と呼ばれ、この貨物線を通る主要な輸送品は輸入された食肉だった。低賃金の移民が、南米などからハドソン川の埠頭に陸揚げされた冷凍肉を、解体・梱包していたのだ。

四半世紀前、筆者がニューヨークに住んでいた頃は、ハイラインの沿線はかなり荒廃した街区だった。当時この辺りにあった低所得者向け医療施設に、はしか・風疹・水ぼうそうの

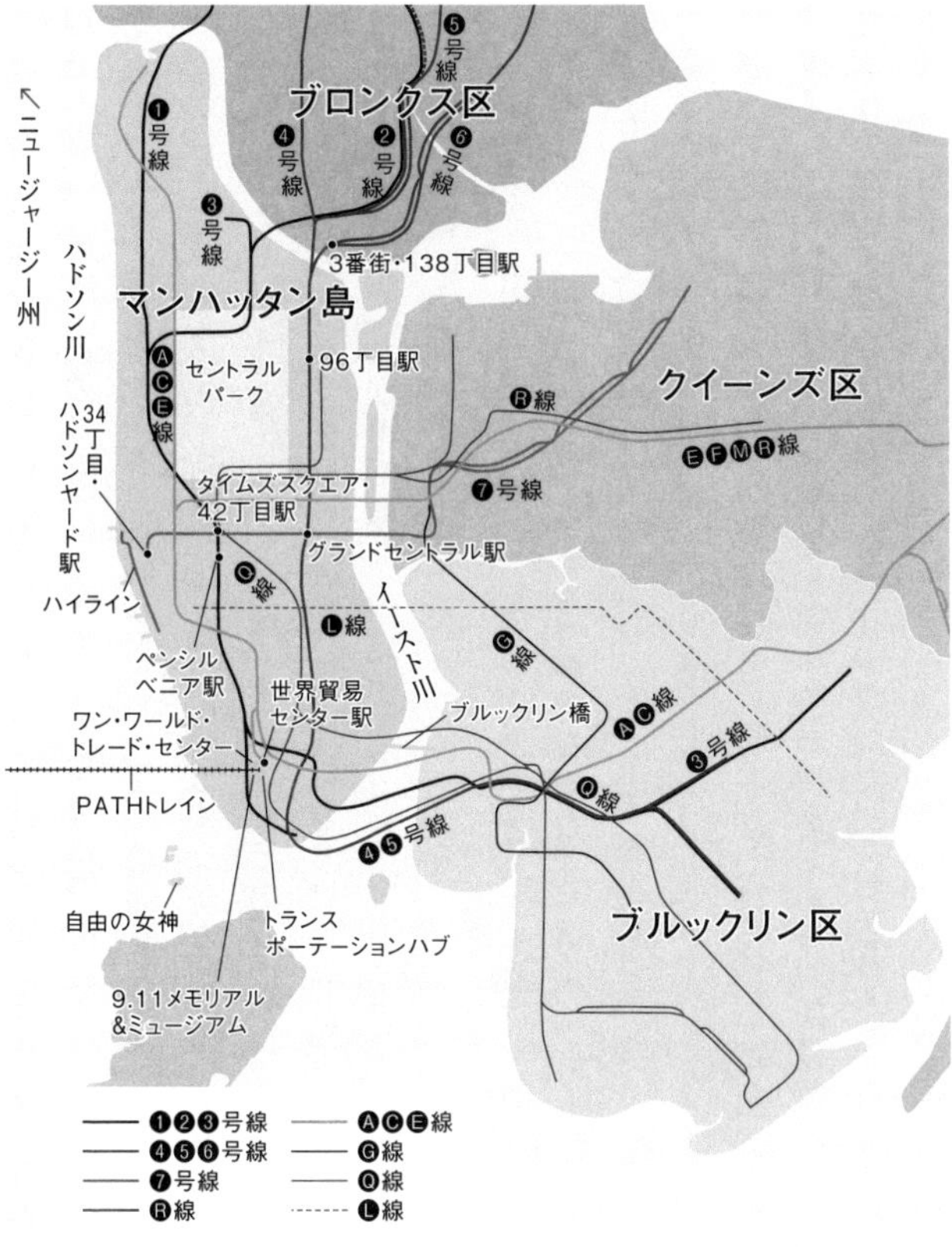

ニューヨークの地下鉄(本書に出てくる路線のみ図示)

3種混合ワクチンを打ちに来たのだが（これは米政府が来住する日本人に要求する事項の一つである）、真横の教会の前に、慈善の給食を待つホームレスの長い列があったことをよく覚えている。こんなところで注射をして、何かの感染症にでもならないかと心配したものだ。

だがいまやハイラインから見下ろす街路はすっかり綺麗になり、すれ違う散歩客や、沿道に無数にあるベンチで思い思いに憩っている老若男女の数はたいへんなものだ。歩きたくなる、休みたくなるような設計の妙が、随所にちりばめられていて、ニューアーバニズム（無機的で機能分化した都市ではなく、諸機能混在の生き生きしたまちを再建しようとする動き）の教科書のようである。

日本であればまずもって「○○△△××高架遊歩公園」とかなんとかいう堅苦しい正式名称がつき、そこに「空と海とまちとゆめをつなぐ〝ゆとりみち〟」とかなんとかいうような〝愛称〟がついたりして、さらにはゆるキャラが公募されて、あちこちに絵が貼られ、折々に着ぐるみが出て来ては愛嬌を振りまくだろう。ニューヨークでは、それはやらない。

各人好き嫌いはあるだろうが、そこに良し悪しはない。英語のI（私）を日本語に訳そうとすると、状況に応じて省略含め数十の表現法がある。何にでも多くの名称のあるのが、文脈依存の構造を持つ日本語の特徴なのだ（だから肝心なところで、誰が責任主体かわからなくなったりもするのだが）。また、自然物だけではなく橋や蔵といった人工物にも、橋の精や蔵の精がいたりするのが日本で、昔はよく夢枕に立ったりした。ゆるキャラというのはそういう感覚が現代にも密かに生きていることを背景にした、「〇〇の精」の21世紀的表現なのだろう。だがとにかく、ニューヨークではそういうことは考えない。高い線は高い線なのである。

ハイライン北側の起点34丁目

ハイラインの北側の起点は、34丁目のハドソン川沿いだ。34丁目といえば、エンパイアステートビルやデパートのメイシーズ本店、マンハッタンを東西に貫く鉄道の地下駅・ペンシルベニア駅のあるメインストリートである。そこから西に数ブロック歩いた先、通勤鉄道の車両基地（ハドソンヤード）の横に、新たに作られた湾曲した歩行者専用橋があるのが入り口だ。地下鉄だと後述する7号線の終点、34丁目・ハドソンヤード駅が最寄りとなる。橋は何十本もある線路の上を、ぐるりと回って横断する。ヤードの上には人工地盤が設けられ、大規模な都市開発が行われている最中だった。その先が、南に向かう旧貨物線を、建設当時（１９３４年）の鉄骨構造やコンクリート構造をそのまま残して使っている区間だ。

ベンチ横には木陰ができるよう木が植えられている

街中の少し高いところを歩く道なので、展望がきくところも多い。そういうところには随所にいろいろな形状の木のベンチが置かれ、街路を見下ろしながらくつろげるようになっている。幅が広い場所には、芝生が張られ、思い思いに寝そべることのできる空間も設けられている。いろいろな規制を緩和して実現した形状であることは間違いない。

ハイラインに先んじて完成した横浜市の「汽車道」も、同じく廃止貨物線の再利用としてよくできているが、緑化の状況や、座って休める空間の提供という観点では、ハイラインが突出して優れている。横浜市の当時の担当者に聞けば、「道路ではあれはするな、これもするな」という諸規制と、予算の制約という事情を語ってくれるだろう。

放置と再生、どちらもニューヨーク〝らしい〟プロセス

ハイラインの上には、高架上なのに草木と花がむやみに生えている。これは、旧貨物線が四半世紀放置されていた間に線路の間に木が生え雑草が生い茂っていたのを、随所で意図的

に再現しているのだ。もちろん当時のままの再現ではない。複線の幅のある高架の半分を歩道にし、残り半分には単線で線路を残し灌木が生え茂っている区間もある。放置と再生のコントラストを示しているのだ。これまた〝らしい〟再生手法といえる。

「緑の少ないコンクリートジャングルだから、草花が好まれる」というのは、正しいが表面的な話だ。線路上に勝手に生えた木まで残した裏には、ニューヨークならではの市民性があると、筆者は感じる。当地の住民は、着の身着のままで上陸して雑草のように生き抜いてきた移民の子孫と、世界中から夢を求めて流れ込んで来る挑戦者の集まりだ。だから、飛んできた種から芽を出し、土も水も乏しい高架上で伸び育った草木の存在に、哀れみでも癒やしでもなく〝連帯感〟を感じる土壌が、この街にはある。合格させてくれと交渉に来た筆者を受け入れた当地の大学にも共通する気風だ。

日本でも、盛岡市の街の真ん中の盛岡地方裁判所内に「石割桜」という、巨岩の割れ目に根をおろした桜がある。東北に根を張って開拓してきた民の心を打ってきたであろう自然の驚異だ。見れば誰でも驚くが、特に開拓の歴史を

高架上に自然に木の生えていた状況を再現

受け継ぐアメリカ西部の人間が見れば感動するのではないか。これに対し東京には、明治神宮の森がある。だがこれは、全国から選抜された木々が融合しようとした生態系を形作った、いわば〝選抜エリートの協力と大成〟のシンボルだ。いかにも東京らしいのだが、〝置かれた場所で咲く〟雑草魂を継承し表現する公共空間は、逆に東京では思い当たらない。

そもそも東京の場合、「木が生え茂るまで四半世紀も街中に高架線が放置される」というようなこと自体が起きないだろう。だがここはアメリカなので、かつて民間鉄道会社が造った高架線を、公金で取り壊すとか再生するとかいうことに、歴代の市政府はなかなか手を付けなかった。大きな転機は、やはり2001年のテロだっただろう。このままニューヨークの街を荒廃させてはならないという機運が盛り上がる中で、大富豪であるブルームバーグ市長が音頭を取り、（おそらく相当額の民間の寄付も集めて）ハイラインを壊すのではなく公園として再生するという方針を実現した。

だがそこには、したたかな計算もある。ニューヨーク市の財政は建物（日本と違って、土地ではなく上物）の固定資産税に依存している。そもそも英米には建物と分離した〝地価〟という概念はなく（英語の「不動産価格」を「地価」と訳すのは誤解で、建物価格と訳す方が正しい）、しかも日本と違って税額は、毎年の市場価格（役所の決める路線価ではなく取引の実勢価格）に従って変動する。

ハイラインの開業は、沿線のアパート価格を上げ、歩行者数を劇的に増やして（全線歩かずに途中で上り下りする人も多い）店舗の家賃も上昇させ、老朽建物の改修投資も増えた。いずれも建物価格を上昇させる要因であり、そのため市は、投資した額は既に軽く回収できているのではないかと、かつて当地のビジネススクールで「不動産投資」の授業を受講した筆者は推測する（履修全科目の中で最もひどい点数を取ったのだが）。

対して日本では、税額が市場価値に連動するというダイナミズムがないために、急な税収減も避けられるが、ハイラインのような、役所と民間が連携して公共空間を再生し、もって周辺地区の価値を上げ、もうけを分け取りするというようなプロジェクトはなかなか実施しにくい。

1時間少々で、南側の起点まで着いた。かつてこの先にも高架は延びていたが、1960年に取り壊されており、その跡をふさぐように古いビルが建っている。秀逸なのはそのビルの壁に描かれただまし絵だ。あたかもビルの中にトンネルがあって、その先に線路が伸びているかのように錯覚させる仕掛けになっている。このような優れた壁画は、東京を筆頭に日本の各都市でも増やすべきだ。市民のアートセンスの涵養《かんよう》にも、アーティスト人材の活用策にも、インバウンド観光のネタにもなる。

欧米の都市の問題の一つである公衆トイレの少なさに苦しみつつも（南の終点近くに一カ

所だけトイレがあり、途中で降りて少々行った先の公園にもう一カ所ある）、充実した散歩となった。続いては地下鉄に乗り、世界貿易センタービル跡地の再開発の現況を見に行こう。

ACT2．貿易センタービル跡地「グラウンド・ゼロ」はいま

マンハッタン・ハドソン川沿いの「ハイライン」を北から南に歩いた後に、地下鉄E線で世界貿易センター駅まで南下した筆者。１９７２年にその駅の真横に建設された１１０階建てのツインタワーは、２００１年9月11日、ハイジャックされた2機の旅客機による自爆攻撃という前代未聞のテロによって、同じ敷地内の他の5棟のビルを巻き込みつつ崩落した。英語圏でいう「9・11（ナイン・イレブン）」だが、以来「グラウンド・ゼロ」（爆心地）と呼ばれるその跡地は、いまはどうなっているのだろうか。

SF映画に出てくるような「トランスポーテーションハブ」

直近でここに来たのは、確かテロの数年後だったはずだ。グラウンド・ゼロには大きな穴が開いたままで（ビル地下の基礎構造を撤去した跡だっただろう）、奥歯を抜いた痕がむき

出しになっている歯茎にも似た、無残な状態だった。

地下鉄駅からセンターまでの通路では、床に汚水たまりができていた。天井のひび割れから、上層階にあると思われるトイレの下水がぽたぽた垂れていたのだ。まだそれを直すところまで手が回らないくらいの状況だったのだろう。

その後にもニューヨークには何度か来ているのだが、ここには足を延ばさなかった。ツイ

トランスポーテーションハブの内部

トランスポーテーションハブを地上から見るとしゃちほこのよう

ンタワーが健在の当時に何度も上っている身として、むごたらしいテロを思い出させる場に行くのは、あまり気が進まなかったのだ。テロ当日にニューヨークにいた人にも、「その後二度と現場に行っていない」という人は多い。行ってみたら記憶がフラッシュバックして、動悸がおさまらなくなったという人もいる。

だが今回久しぶりに地下鉄駅からツインタワーの跡地方向へと、新規に設置されなおした通路をたどってみると、白色をベースにしたまるで病院のように清潔な、大聖堂のように荘厳な半地下空間ができているのに驚いた。地上から見ると、しゃちほこの背中が半分突き出しているようにも見える。手前にある地下鉄の各線と、向こうにあるPATHトレイン（ニューヨーク州港湾局営ハドソン川横断鉄道）の駅を結ぶ通路なので、「トランスポーテーションハブ」という名称になっている。SF映画『エイリアン』第1作に出てきた宇宙船を思い出させる設計だった。

だがもう一つ驚いたのは、その通路の途中に、スロープもエスカレーターもエレベーターもない階段があったことだ。いわゆるユニヴァーサルデザインの思想は、ここでは導入されなかったようだ。とはいえ欧米では、乳母車や車椅子が階段で困っていると、周囲の男たちが黙って手伝って上げ下ろしをしてしまうのが通常である。強いて好意的に見れば、テロを教訓に助け合いを強化しようというような思想が、もしかするとこの設計の背後にはあるのかもしれなかった。

ちなみにPATHトレインは、もともとは20世紀初頭に私鉄として開業した線で、ツインタワーの地下から幅2キロ近いハドソン川の下をトンネルでくぐり、ニュージャージー州に向かう通勤鉄道である。テロの際には駅も崩壊したが、幸いにもビル崩落までに乗客は避難していたそうで、列車での犠牲は聞いていない。その駅が、トランスポーテーションハブの先の地下に大きく再建されている。しかし、毎日ここを通勤する人にとっては、地下鉄駅までの歩行距離がむやみに長いうえに、途中に前述の階段もあり、あまり便利ではないだろう。

心に響く設計のテロ記念碑と、懲りずに再建された超高層タワー

ハブの反対側から地上に出ると、ようやくグラウンド・ゼロだ。ツインタワーの建っていたそれぞれの場所に1基ずつ、犠牲者を悼む空間（ノースプール、サウスプール）が設けてある。地上にそびえるのではなく、地下に潜りこむ構造だ。

四角く囲んだ縁には、ニューヨークでのテロの犠牲者2700人余の名前が一人ずつ刻んである。5万人が勤務し、1日20万人が来館していたという数字に照らせば、圧倒的に多数の在館者が難を逃れたということになるのだが、避難の道を断たれ最上部から飛び降りた人たちが続々と地上ではじけ散ったという地獄絵図を、その場で見てしまった者は、その光景

テロ10周年に完成した国立記念碑、9.11メモリアル

を一生忘れることはないと聞く。

死者を国籍別にみれば、米国人の次に多かったのがビルメンテナンスに従事していたパキスタン人だったと、テロ後の新聞記事にあった。テロに続いたアフガニスタン紛争およびイラク戦争での民間人死者（諸説あるが数十万人）を加えれば、サウジアラビアの大富豪の息子ビン・ラディンが引き金を引いた一連の暴力の応酬の犠牲者は、圧倒的にムスリムの庶民だったということになる。

縁を越えて中をのぞき込むと、大きな四角い穴の中央部に、さらにもう一つ四角い穴のある構造だ。黒い石でできた四面の壁を、水がとうとうと滝となって落ち、いったん底に集まって、さらに中央部のより深い穴の中に落ちて行く。そのさらに底がどうなっているのかは見えない。見ていると、自分の体もだんだん地に沈む気分になる。「愚かな人類は、いったいどこまで落ちて行くのか」という問いが、鎮魂の思いとともに脳裏に浮かんできた。しかし見えない先に落ちた水がまたどこからか上がってきて、再び滝となって循環している姿は、「落ちた先にはまた再生がある」というメッセージを送ってきているようにも見える。

実に、現代アートの最高傑作であるとも思えた。

沈みこみつつ、しかし静かな希望も感じつつ真横を見ると、最頂部の比較で旧ツインタワーよりもさらに十数メートル高く再建された「ワン・ワールド・トレードセンター」（旧称フリーダムタワー）が、文字通りそびえ立っていた。

日本人の筆者からすれば、「そんなものを再建して、またまたテロリストを挑発したらどうする」とも思うのだが、米国人は「テロに負けない意志を示すためには、これしかない」と考えるのだろう。その意気に感じた（?）のか、入居者第1号は中国の企業だったという。展望台の切符売り場には、世界各国から来た観光客が長い列を作っていたが、その多くがこれまた中国人のように見受けられた。「壊されればさらに輪をかけて大きいものを造る」という姿勢は、米国人以上

新たに建築された超高層オフィスビル
「ワン・ワールド・トレードセンター」

に、中国人にこそむしろ支持されるのかもしれなかった。万里の長城も、同じ原理でできたのかもしれない。

だが実際問題として、2001年9月12日以降、米国内では外国人の組織的なテロによる死者は出ていない。いわゆる「ローン・ウルフ（一匹狼）」型のテロ行為はあるが、数でいえば、米国民自身による、遺恨などを原因とした銃乱射事件の犠牲者の方が圧倒的に多く、しかも年々新たに起きている。トランプ大統領の就任でますます排外気分の高まる米国だが、敵はむしろ身内にいるのだ。

そのような国内製の無差別殺人の無数の犠牲者までもが、同じくこのような荘厳な空間によって追悼される日は来るのだろうか。きっと来はしないのだろう。だが、犯人の国籍や出身地によって、殺された側の命の価値が変わるわけではあるまい。複雑な思いを抱きつつ、急ぎ地下鉄駅に戻って、知人との会食に向かったのだった。

ACT3. 高所得者向けの住宅地に変貌したかつての下町

ニューヨークのマンハッタン南東側対岸にあるブルックリン。伝統的に中低所得者層が住む下町だが、最近は新興富裕層向けのおしゃれな再開発も進み始めた。だがその裏にはニューヨークの家賃が高騰し、ブルックリンからさえも庶民が追い出され始めている現実がありそうだ。そう推測しつつ実地観察してみた結果は？

人気の「ウィリアムズバーグ」地区に行ってみる

２０１７年10月、ボストンでの講演の際にニューヨークに立ち寄り、マンハッタンの「ハイライン」や「グラウンド・ゼロ」を歩いた筆者。その２カ月後の12月に、今度はニューヨークでの講演の機会があり、これまた講演前の数時間だけ街を歩く余裕があった。

10月にも、この12月にも現地の日本人から耳にしたのは、「最近、ブルックリンがおしゃれだ」という話である。ブルックリンといえば、中低所得者層の住む広大な下町だったはずだが、本当にそんなににぎわっているのだろうか。

そのブルックリンは、ニューヨーク市を構成する五つの区の一つだ。西北にあるマンハッタン島の間にはイースト川があるのだが、それを越える三つの橋と潜る一つのトンネル、地下鉄では17もの系統でつながっている。東京の場合、隅田川の東に墨田、江東、江戸川、葛飾、足立の五つの区があるが、その５区を合わせた面積がおおむねブルックリンと同じだ。つまりこの区は相当に広大であり、さまざまな顔を持つ数十もの地区があって、多様な民族が交ざって、あるいは住み分けて暮らしている。

ということで講演前の筆者は、マンハッタンの14丁目沿いに東に向かう地下鉄L線に乗って、イースト川の下をくぐり、ベッドフォード・アヴェニュー駅で降りてみた。このL線はかつては、地下鉄G線（イースト川の東側を南北に、クイーンズとブルックリンを結ぶ、唯一マンハッタンを通らない地下鉄線）と並んで、危ない線、乗ることもない線の代表格だった。しかし最近は人気路線に昇格しているらしい。というのも、この駅周辺の「ウィリアムズバーグ」地区が、住む場所、飲食する場所として、最近とみに人気なのだという。

ちなみにL線のもう少し南でイースト川を渡るJ線・M線・Z線は、トンネルではなく吊り橋（ウィリアムズバーグ橋）の上の相当高いところをガタガタと渡るので、素晴らしい景色が楽しめる。ニューヨーク観光の知られざるお勧めだが、そちらだと少々離れた駅で下車となる。

地上に出てみると、超高層ビルを見上げながら歩くマンハッタンとは違って3～5階建てのアパートが並び、その上に真っ青な冬晴れの空が広がっていた。もう少し繁華な、表参道のようなところを想像していたのだが、12月の平日の午前中ということもあるにせよ、およそ静かな住宅街然とした雰囲気に、少々拍子抜けする。西方向にイースト川まで戻ってみると、おそらく一度荒廃した港湾埠頭《ふとう》地区を再開発したのだろう、超高層マンションが並び、対岸にはマンハッタンの摩天楼が広がっていた。さぞかし夜景が綺麗なことだろう。しかし、店が並んでいるわけではない。
マンション群の前には新設の船着き場があり（名称は北ウィリアムズバーグ船着き場）、しばらく見ていると南から高速船がやってきて、それなりの数の乗客が乗り込み、マンハッタンに向けて出て行った。右方向対岸の34丁目（国連本部の近く）と、左方向対岸のウォール街に向けて、定期運航されているのだ。料金は2ドル75セントと、地下鉄と同じだ。乗ってみたかったが、ウィリアムズバーグの探索が中途なので我慢する。だが夜に乗れば、すてきな夜景クルーズが楽しめるだろう。これまた観光客にはお勧めである。

イースト川州立公園に集まったカナダガン

船着き場近隣のイースト川州立公園に向かうと、冬の米国の風物詩・カナダガンが群れをなして芝生を食いちぎっていた。大陸らしい、大柄な鳥だが、おいしくはないらしい。そうとはいえ、すぐ向こうが喧噪のマンハッタンとは思えない、のどかな風情だ。

ニューヨークの人気は、日本の当たり前？

大リーグのファンならば、ロサンゼルスの強豪ドジャー

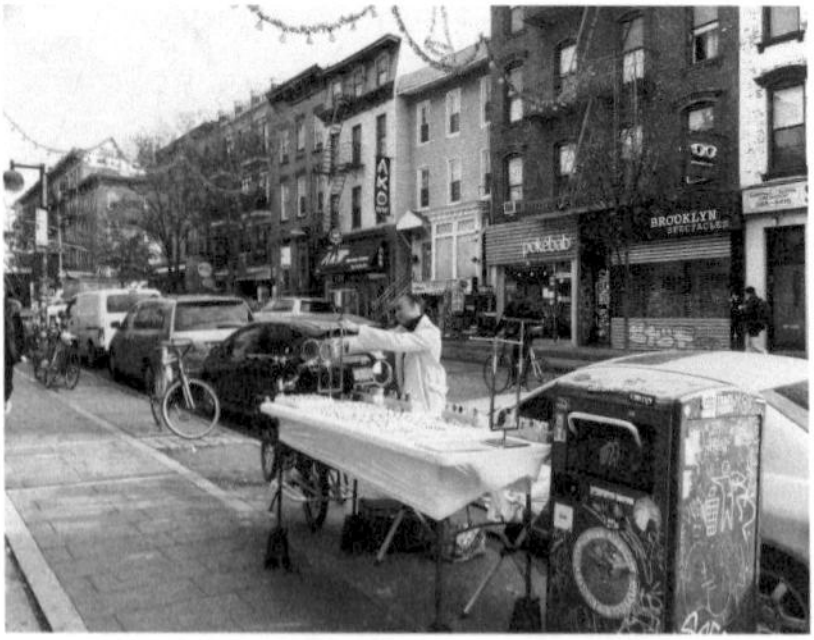

ブルックリン区ウィリアムズバーグ

スは、１９５７年までは「ブルックリン・ドジャース」だったことをご存じだろう。まだこのチームが当地本拠だった１９５０年に人口のピークを迎えたこの区は、以降、工業の衰退や貧困層の流入で、下り坂を転げ落ちていく。

　しかしニューヨーク市の経済は、１９９０年あたりを底に上向き始めた。２００１年のテロも、２００８年のリーマン・ショックも、一時の打撃にしかならなかった。マンハッタンの家賃が高騰したことで、ブルックリンにも中流層、地区によっては富裕層が流れ込み、荒れ果てていた街区が続々と再生され始めた。

「ウィリアムズバーグが面白い」というのは、筆者が当市に留学していた１９９３年頃にはすでに耳にしていたのだが、当時は「家賃が安いので、貧乏な若手アーティストの住む場所」という話だった。面白いけれども、麻薬含めいろいろ危ない町だったのだ。しかしやがてそこにハイセンスな飲食店が増え始め、荒廃して無人となったアパートに再生投資が行われる。家賃の高騰は著しく、お金のない層は出て行かざるを得なくなって、いまのように清潔で取り澄ました、新興富裕層向けの地区が出来上がったわけだ。

おしゃれな店を探して駅方向に戻ると、日本でも清澄白河（江東区）に初出店して話題となったブルーボトルコーヒーのカフェが現れた。サンフランシスコの対岸のオークランドが本社なので、都心の対岸にこだわるのだろう、2010年にニューヨーク初の店をここに出したという。清澄白河も都心から見て隅田川の対岸だ。

ブルックリンのブルーボトルコーヒー

その近隣には、テキサス州オースティンの自然食品店から発展した高級スーパー「ホールフーズ・マーケット」や、アップルストアもある。夜はにぎわうのだろう、地ビール醸造所直営レストランもあった。街頭にも芸術品を売る露店などが出て、ちょっとだけヨーロピアンな感じになっている。2500万人の住むニューヨーク大都市圏のただ中の、針の先のように小さな地区に、ちょっと趣味のいい住商混在地区が、本当にわずかだけ再生されたという風情だ。
だが正直、この規模の集積なら日本の都会では普通だ。日本の恥である飲食店内の喫煙野放しさえ改めれば、政令指定都市はもちろん、金沢や高松でも規模や質でこれと勝負できるだろう。人間臭さと猥雑さの残るまちなかを求めて、日本を訪れる米国人観光客が年々増えているのも当然だ。

地下鉄駅に戻ると、何かの理由で電車がなかなか来ないようで、通勤ラッシュ時は過ぎたのに大混雑となっていた。交通インフラの信頼度でも、ニューヨークはまだまだだ。しかしこれでも、昔を思えばずいぶんと改善されたのである。次節では、ニューヨーク点描の最後にそのあたりを語りたい。

ACT4. ニューヨークの地下鉄今昔

ニューヨークの地下鉄といえば、かつては「暗い・汚い・危険」の〝3K〟で知られていた。しかし1990年あたりを底にしたニューヨークの経済再生の中で、沿線の治安は大幅に改善され、車両や設備、サービスの改善も〝遅々として進んで〟いる。2015年には、7号線が1駅間延伸され（26年ぶりの新区間開業）、17年にはQ線が3駅間延伸された。そこで17年10月の訪問の機会に、これら延伸区間に乗車してみたのだが、新線でも〝NYはNY〟だった。

劇的に治安の改善されたサウスブロンクスから都心へ

マンハッタンのホテルは最近、非常に狭くて汚い部屋でも1泊3万〜4万円はする。そもそも世界の富裕層を相手にした住宅購入需要が高まっているので、ホテルから賃貸マンションへの転換が増え、部屋数が減っている。有名なウォルドルフ・アストリアホテルも、高級マンションになってしまったという噂を聞いた。それなのに、万事規制の大好きな市当局は、民泊を禁止したままなので、とんでもない殿様商売がまかり通っている。アメリカといえば何でも規制緩和、というわけではないのだ。

そこで今回筆者は、マンハッタンの北にあるブロンクス区の、地下鉄6号線「3番街・138丁目駅」近くのモーテルを予約した。都心まで地下鉄で20分程度。新築で清潔、部屋も広く、値段は2万円を切る。安いのは、悪名高い「サウスブロンクス」地区のど真ん中だからだ。筆者が留学していた四半世紀前は昼間でも歩けない場所だったのだが、いまでは夜でも表通りなら普通に歩ける。

これを英語で「ジェントリフィケーション」という。直訳すれば「紳士化」。実態としては、荒廃したアパートを再生し家賃を高騰させて、貧困層を追い出し、ホームレスを取り締まるというやり方だ。それにも段階があって、最初は中流の庶民が住むようになる。うまくいくと高級化して、庶民も出て行き、富裕層ばかりが住む地区に変貌する。不動産所有者や投資家としては実に儲かるので、いまやニューヨーク全域で進行しつつある。だがそのことによって貧困層やホームレスの数そのものが減るのではないわけで、彼らはより郊外の地区に移り、そこに新たな荒廃地区を生み出しているらしい。

それはともかくいまのサウスブロンクスは、少しは普通に近い値段で泊まれる便利な場所に変貌したわけだ。その138丁目駅から地下鉄6号線で南下し、マンハッタンの「96丁目（レキシントン街）駅」で降りる。マンハッタンを東西に走る通りには、南から順番に1丁目、2丁目と番号が振られており、ここは96番目の東西路というわけだ。島全体でみれば半分より少し南に位置するが、マンハッタンの最大繁華街はさらに南の、34〜50丁目のあたりである。

地下鉄6号線、3番街・138丁目駅付近

またマンハッタンを南北に走る道は、東から1番街、2番街、と来て、最後は11番街まであるが、このレキシントン街は3番街と4番街（名称はパーク・アヴェニュー）の間にある、いわば3・5番街とも言うべき通りだ。4・5番街にあたるマディソン街というのもある。

またそれらとは別に、純粋に南北方向ではなく微妙に曲がりくねるのがブロードウェイだ。これはマンハッタンの大半が荒野だった時代に、北に向かう唯一の道だったものだ。

それはともかくレキシントン街から2番街まで、2ブロック東に歩く。そこに、9カ月前に延伸された地下鉄Q線の北の終点「96丁目（2番街）駅」がある。このあたりはアッパーイーストサイドと呼ばれる高級アパート街の北端だ。入り口にはおしゃれに成型された透明な屋根がかかり、コンコースにも色彩豊かなアートが施されていた。だが新設駅なのにエスカレーターはない。エレベーターを使う人は少なく、みな階段を上り下りしている。

地下鉄Q線の96丁目（2番街）駅のホーム

ニューヨーク地下鉄の駅には、いまでも時刻表の表示がない。電車がなかなか来ないのは日常茶飯事だ。昔は、そもそも運行ダイヤがないのかと思っていたが、最近ホームページにはPDFで載るようになった。しかしその通りに走らないのが通常だ。次の電車が何分後に来るかを電光掲示板で示す駅も増えつつあるが（大阪メトロなどにあるのと類似したシステム）、これまた実際には、その通りには来ないことがままある。東京や大阪のように、乗り換え検

多様な人種が乗り合わせる地下鉄Q線

索で出た通りの時間で目的地に確実に着けるということはまったくない。それでも昔に比べれば、遅々としてではあるが改善されてはいる。

地下鉄の車内には、実にさまざまな肌の色の、雑多な服装の人たちが乗っている。多人種混淆《こんこう》で、一見乱暴な見かけの人もいるので、日本人が見れば治安が悪いと勘違いするかもしれないが、これはニューヨークではごく当たり前の服装・態度であり、彼らはおおむね中程度以上の所得の人たちだ。

アメリカで起きているのは所得階層間の断絶であり、肌の色や民族による断絶は半世紀前の話である。このあたりがわからず「有色人種が多いと治安が悪い」と考えるのは、まったくの勘違いでもあり、自覚なき人種差別でもある。

Q線と7号線の延伸区間を乗り継ぐ

南方向に6駅乗ると、東京でいえば銀座四丁目にあたる「タイムズスクエア・42丁目駅」

だ。12もの系統を、改札内で乗り換えできる。しかし駅設備は旧態依然で薄暗く、乗り換えには散々に鉄骨でできた階段を昇降せねばならない。ここでマンハッタンを東西に走る7号線に乗り換える。西南に1駅の「34丁目・ハドソンヤード駅」までが、2015年に延伸された区間だ。

終点で降りてみると、ホームは新しくて広いのだが、またまたエスカレーターがないのに驚いた。「予算の制約上、全部で470以上もある駅に、今後ともエスカレーターは極力整備しない」という方針なのか。確かに、捨てられたゴミだらけで揺れの多い、軌道の改善の方が先なのだろう。階段を上ってコンコースに出ると、そこから地上に向けては長大なエスカレーターが伸び、並行して斜行エレベーターも1基設置されていた。

ようやく外に出ると、最初に紹介したハイラインの起点に出る。ペンシルベニア駅に発着する通勤鉄道（西方向に向かうニュージャージー・トランジットと、東方向に向かうロングアイランド鉄道）の車庫の上層空間を使って、続々と超高層オフィスビルが建設中だった。マンハッタンでの大

34丁目・ハドソンヤード駅のコンコース

規模オフィスコンプレックスの新規開発は、半世紀ぶりだ。

著しく車社会化が進んだ米国にあって、ニューヨークは車よりも鉄道の方が速く移動できる唯一の町だ。シカゴやボストン、サンフランシスコ、ワシントンなどにも地下鉄網はあるが、道路もそんなに混んでいないので、急ぎの場合はタクシーが速い。しかしとにかく交差点が多いマンハッタンや、渋滞が日常化しているクイーンズ、ブルックリンでは、地下鉄の効用が大きい。ニュージャージーに渡るにも、渋滞する二つのトンネルは避けて鉄道に乗る方が迅速だ。

そんなニューヨークを走る、25系統もの地下鉄の総延長は375キロ。東京メトロに都営地下鉄を加えた304キロを上回る。だが、JRや私鉄に地下鉄が相互直通運転している区間を加えれば東京は618キロとなるので、実態としては上海、北京と並んで、世界最大級の地下鉄ネットワークといえる。さらに地下鉄に相互直通運転していないJRと私鉄を加えれば、もちろん東京が圧倒的に世界一の通勤鉄道ネットワークを持つ都市圏だ。その次は京阪神地域である。

それでも、地下鉄に各種の通勤鉄道を加えたニューヨークの都市鉄道ネットワークは、米国では断然に稠密《ちゅうみつ》で、西半球最大でもある。四半世紀前には、「途中の危ない地区で降りさえせず終点まで行くのであれば、どの線も昼間なら乗れないことはない」という状態だった。

しかしいまでは、「どの駅も昼間なら降りられないことはない」というところにまで、おそらく事態は改善している。ただしその陰には、貧困層が高い家賃で追い立てられているという現実があることは、これまでにも述べた。

ニューヨーク在住の日本人の若者たちとの懇親会を終え、夜10時を過ぎてから、サウスブロンクスまで地下鉄で戻った。時差ボケに酔いが加わり、ついつい席でうとうとしてしまう。「電車で平気で寝るのは、世界でも日本人のみ」と言われるだけに、筆者が舟をこぐたび、「ニューヨークにトーキョーを持ち込んでいる日本人がいるわ」と、周囲の客から笑いが漏れる。半分寝ているのだが、そのたびに「しまった」と起きて、また寝てしまう。

しかしそれでも、何とか所定の駅で降り、その先は難なく歩いてホテルまで戻ることができた。20年以上前にウィリアムズバーグで起きたのと同種の変化、つまり荒廃したアパートが再生され、まずは普通の庶民が住み始めるという変化が、いまサウスブロンクスでも完成しつつあるというわけだ。だがこれでは、サウスブロンクスまでもがウィリアムズバーグの後を追って富裕層の地区と化していき、せっかく住み始めた庶民が追い出され始め、今晩のホテルの代金までもが3万～4万円まで上がっていくのも、時間の問題なのではないだろうか。

治安も足の便も抜群であるにもかかわらず、ニューヨークほどまでは生活費がかからない東京や大阪の下町の価値に、改めて思い至ったのである。

〈コラム　治安の良し悪しを判断する〉

筆者の現地観察は、まちなかをひたすら歩くことが身上であり、しかも特に裏路地が好きだ。観光客とは無縁な場所にどんどん入っていくし、夜も出歩けるようであれば積極的に出歩くが、身の危険を感じたことはほとんどない。本当に危なそうな場所には、その場で見分けて入らないようにしているからだ。

大学3年生の夏に初めて米国をバス旅行したときには、まだそのノウハウはなく、ワシントンDCのバスディーポ（長距離バスの発着所）近くでカバンを取られそうになったり、ロッキー山中の白人しかいない場所で、つい油断してカメラを盗まれたりした。だが上記のニューヨーク在住体験で、治安の良し悪しを見分けるノウハウが身についた。ニューヨークでのノウハウは、欧州でも途上国でも通じる。逆に日本の常識は、ニューヨークでも欧州でも途上国でも通じない。コツは、日本の常識を意図して捨てて、世界の常識を幾つか踏まえることである。

ますは捨てるべき日本の常識、というか偏見は次の三つだ。

日本的誤解1：黒人（有色人種）の地区は危ない

⇩○現実：地区の人種構成と治安は無関係。何人であってもほとんどのすべての人は犯罪者ではなく、むしろ犯罪の被害者側。逆に何人にも犯罪者はいる。

日本的誤解2：安全な町は安全、危ない町は危ない

⇩○現実：犯罪者がいるかどうかは、1ブロックごとに違う。夜と昼とでもまったく違う。危ないと感じたら避け、大丈夫そうなら進むべきで事前判断は無用。

日本的誤解3：危ない場所に行けば危ない目に遭う

⇩○現実：犯罪者は、狙えそうな人だけを選ぶ。狙えそうな人とは、見るからに観光客っぽく、現金を持ち歩いていて、しかも被害に遭っても泣き寝入りしそうな感じの人。腰を曲げておどおど歩くか、背筋を伸ばしてさっさと歩くかだけで、危険はまるで変わる。

それらに対する世界共通の常識は、以下の通りだ。

世界共通常識1：人通りのある場所（車内）は安全、自分以外に通行人（乗客）のいないところは危ない。

世界共通常識2：現地の女性が一人で歩いている場所は安全。子どもたちが歩いてい

ればなお安全。
世界共通常識3：親しく話しかけてくる人には、①外国人と話したい人、②物売り、③犯罪目的の人、の3種類がいる。①が多いかどうかはその国の文化によるが、特に中東やアフリカでは①が多いという印象。アジアでは②も多いが、自然体で無視すればよい。③は決して多くはないが、①を装うので要注意。相手に何か踏み込んで怪しい言動（宿を教えろとか、飲みに行こうと誘うとか）が出てきたらその瞬間に、「それじゃ、用事があるのでそろそろ」と去ること。もし相手が①でも、それで傷つくことはない。

第3章

バルカンの火薬庫はいま
旧ユーゴとアルバニア

2018年に開催されたサッカーのワールドカップ・ロシア大会で、快進撃を見せたのが、欧州の小国・クロアチアだ。決勝で惜しくもフランスに敗れたものの、準優勝に輝いた。この成績を見て、「もしユーゴスラヴィアが解体していなかったら、いまどのくらい強かっただろう」と、感慨にふけったオールドファンもおられるのではないか。

旧ユーゴスラヴィア社会主義連邦共和国（以下、「旧ユーゴ」）は、クロアチアやセルビア、ボスニア・ヘルツェゴヴィナなど六つの国からなる連邦国家だった。東西冷戦時代には、東西陣営の間にあっていずれにも与《くみ》しない独自の社会主義路線を貫き、「非同盟中立」諸国の旗手を自任していた。しかしベルリンの壁が崩壊し、旧ソ連が解体に向かう中で、国外に対峙する相手を失ったことから、それまで抑えられていた国内での民族対立、宗教対立が噴出して来る。

1990年といえばざっくり30年も前のことだ。日本がバブル景気に浮かれていた頃だが、若い世代にとっては明治時代や江戸時代と変わらないかもしれない。この年に行われたワールドカップ・イタリア大会の準々決勝で、旧ユーゴのナショナルチームは、伝説のファンタジスタ、ディエゴ・マラドーナを擁するアルゼンティンと対戦する。前半に1人が退場となった後も10人で戦い抜いたが、0対0のまま惜しくもPK戦で敗れ去った。ちなみに日本代表のワールドカップ初出場はその8年後の1998年で、準々決勝には未だにたどり着いていない。

この旧ユーゴチームを率いたのが、ボスニア・ヘルツェゴヴィナ出身のイヴィチャ・オシムだった。2006〜07年に日本代表チームの監督を務め、数々の名言・金言を残したが、脳梗塞で倒れて惜しまれつつ退任した名指導者だ。またそのチームの中核メンバーで大会のベストイレヴンにも選ばれたのが、セルビア出身のストイコヴィッチである。1994年から2001年まで名古屋グランパスエイトでプレーし、草創期のJリーグのトップスターでもあった。2008年から13年には同チームの監督も務めている。

ちなみに、旧ユーゴをからくも下したアルゼンティンも決勝で、旧西ドイツチームにPK戦で負ける。そしてこれが、旧ユーゴにとっても旧西ドイツにとっても、最後のワールドカップになった。前者は、その後ほどなく国が解体して行ったことによって。後者は国がめでたく再統一されたことによって。

クロアチアの人口は400万人少々と、四国に淡路島を合わせた程度なのだが、サッカーのナショナルチームは個性あふれる選手の宝庫で、2019年初頭の世界ランキングでも4位につけている。同じランキングで旧ユーゴ諸国を見ると、セルビアが31位で、ボスニア・ヘルツェゴヴィナが35位。人口62万人と鳥取県程度のモンテネグロが46位で、スロヴェニアが63位。最も目立たない北マケドニア（2019年2月にマケドニアから改称）でも、サウジ

旧ユーゴスラヴィアの国々

アラビアと中国に挟まれた71位だ。これらが合わされば、それはそれは手強いであろうことは予想できる。27位の日本はもちろん、25位の米国も、ましてや50位のロシアなど目ではない。だが、泥沼の内戦を経つつ別れ別れになったこれらの国が再び統一チームを持つことは、日本と韓国が統一チームを作るよりも難しいことだろう。

　旧ユーゴ。ナチスドイツの侵略を不屈のゲリラ戦により自力ではねのけ、「六つの共和国、五つの民族、四つの言語、三つの宗教、二つの文字を持つ、一つの国家」として独立しながら、半世紀ももたずに、解体するソ連の後を追うように自壊した国。五つの民族とは、セルビア人、クロアチア人、スロヴェニア人、モンテネグロ人、マケドニア人。四つの言語とは、セルボ＝クロアート語、スロヴェニア語、モンテネグロ語、マケドニア語。三つの宗教とは、正教、カトリック、そしてイスラム教。二つの文字とは、ロシア語などに用いられるキリル文字と、英語と同じラテン文字である。

以下は、その旧ユーゴを構成していた諸国に、かつて「欧州の北朝鮮」と呼ばれる閉鎖国家だったアルバニアを合わせて、体当たりで早回りしてみた記録だ。訪問時期は少々前になるのだが、報じられることの少ないこのエリアの実態を、ぜひ筆者と共に追体験していただきたい。

ACT1．クロアチアのザグレブへと向かう

２０１４年の夏。この年5月のラオス行きから単身での海外旅行を再開した筆者は、２番目の行き先としてバルカン半島を選んだ。詰め込めるだけ多くの未訪問国を詰め込む実験的な旅程を組み、「ものは試し」と日本を出た。

途上国の旅行にもかなり慣れた現在に比べれば、スマホもなく情報も少ないその当時の不安は大きく、行った先での体験は実に鮮烈だった。聞いていたのとは違う世界が、現地には待っていたのである。

旧ユーゴ2番目の規模、2番目の経済水準の小国

超高層オフィスが林立するドイツの金融首都・フランクフルトから、クロアチア航空で1時間半。クロアチアの首都ザグレブの空港には、少なくとも2014年夏の時点では、まだボーディングブリッジがなかった。両市の人口はともに80万人程度で、陸続きで900キロ余り（東京から山口県までと同程度）しか離れていないのだが、この間に時を30年程度さかのぼったような感じを覚える。

クロアチアはEU（欧州連合）に加盟しているが、シェンゲン協定（国境管理なしの自由な移動を認めるEU主要国間の協定）には入っていない。しかし、入国審査はすぐに済み、さっさとロビーに出られた。この国の通貨はユーロではない。ATMにクレジットカードを入れ、100クーナ（当時のレートで1700円超）をおろす。

欧州の50数カ国の違いを把握するのには、EU加盟か、シェンゲン協定加盟か、ユーロを使用しているかの、三点を確認することが有用だ。多くの国は三つともイエスだが、スウェーデンやデンマークのように独自通貨の国もあれば、クロアチアや英国のように（この原稿執筆時点ではまだ）EU加盟だがシェンゲン協定には加盟せず、ユーロを使わない国もある。アイルランドはEU加盟でユーロを使うが、英国領の北アイルランドとの間での自由な通行

を確保する観点から、シェンゲン協定には加盟していない。逆にノルウェーやスイスはEUに加盟せず通貨も独自だが、シェンゲン協定には加盟している。さらにはこの旅の先で出てくるモンテネグロなどのように、EUにもシェンゲン協定にも加盟していないのに通貨はユーロという小国もあるのだ。そしてセルビアなどのように、すべてに未加盟で独自通貨の国も、旧共産圏には残っている。なぜこのようにバラバラなのかはそれぞれの国に理由もあるわけだが、日本人やアメリカ人からすれば、煩わしいの一言かもしれない。

ザグレブ空港

ところで、このクロアチアを含む旧ユーゴは、東日本（関ケ原以東）と同じ面積に、中部地方（東海北陸甲信越）と同じくらいの2300万人の住む国だった。「南スラヴ（＝ユーゴスラヴ）系の言語を話す地域」という共通点を強調し、それなりのスケールメリットを有してまとまっていたのだが、おいおい説明するさまざまな違いが亀裂を生んで、1990年代から2000年代にかけて七つに分裂する。その中で2番目に大きいクロアチアは、2番目といっても北海道の3分の2くらいの大きさに、北海道の4分の3くらいの410万人の住む小国だ。

ちなみに、今回旅行では通らないスロヴェニアも、クロアチアと同様にハプスブルク家に長く支配された歴史を持ち、宗教はカトリック、文字はラテン文字（普通のアルファベット）で、首都同士は東京－静岡程度の距離しか離れていない。言葉も同じ南スラヴ系だ。しかし相互に通じないほどの違いがあるために、スロヴェニア人とクロアチア人は別民族とされている。そのスロヴェニアの大きさはクロアチアのさらに半分以下だが、通貨はユーロでシェンゲン協定にも加盟済だ。ゲルマン系のドイツ語を話すオーストリアと、ラテン系のイタリア語を話すイタリアに挟まれた、〝スラヴ民族地域の南西端の岬〟とでもいうべき位置にあって工業化が先に進んだ地域だったため、旧ユーゴ諸国で一番先にユーロを導入できる経済水準にまで先に達したということなのだろう。その後を追うのがクロアチアである。

本当はスロヴェニアも通って、違いを肌で実感したかったところだが、同国には1993年末に1泊したことがあるので、この旅行では他の未訪問国を回るのを優先した。

このクロアチアの南部には、温暖なアドリア海沿岸のリゾート地帯（旧称ダルマティア）がある。世界遺産となっているドブロヴニクの町は、日本人観光客にも大人気だ。ザグレブなどの内陸部がオーストリア領だったのに対し、この沿岸部はヴェネチア共和国などのイタリアの勢力の領有が長かった。紺碧の海にワインにシーフードも魅力的だが、これまた今回の旅行では、より多くの国の首都で国情を観察するのを優先して、立ち寄らない。

美しいザグレブ市街を巡る

ザグレブ空港から市街地へは、バスで25分と近く、車両も快適な最新型だ。だが頻度は30分おきで、電車を頻繁に走らせるフランクフルト空港とは格段の違いがあった。都心南の新市街に入ると、いかにも社会主義時代に造られた感じの、広いグリーンベルトのある大通りが東西に走り、青く真新しい車体のＬＲＴ（次世代型路面電車）が行き交っている。そこから鉄道のガードをくぐり、旧市街の南西端にあるバスターミナルに着いた。

旧ユーゴ時代を象徴する国民車「ユーゴ」

都心方向へ徒歩10分のホテルに荷を置き、ザグレブ駅から市街地探索を始める。市内の主要交通手段は、旧横浜市電なみに入り組んだ路線網を持つ市電で、新型車両が頻繁に行き交う。他方で鉄道は中長距離輸送が中心であり、運行もそう頻繁ではない。しかし駅舎は立派な造りで、駅前から北に向けては緑と花に埋まった大通り公園が伸びてい

繁華街の街路を埋め尽くすオープンカフェ

ザグレブ旧市街のシンボル、ザグレブ大聖堂

る。公園の先には街の中心であるヨーロッパ広場があり、周辺はにぎわうクローズドモール（自家用車通行禁止で市電と歩行者だけが通れる街路）となっていた。
　そこかしこに設けられたオープンカフェに大勢の市民と観光客が憩い、電線もしっかり地中化されている。さらに広場の北側の丘に登ると、赤い屋根とオレンジ色の壁が特徴の、歴史的な街並みが眼下に広がった。高層ビルがない分、日本人の思い描く「中欧」のイメージにぴったりであり、中高年観光客に人気なのもうなずける。傍らでは、〝世界一短い〟ケーブルカーが運行され、観光客が大勢上下していた。
　この国がサッカー強国であることはすでに述べたが、この年（２０１４年）のサッカーワールドカップ・ブラジル大会にも、クロアチアチームはボスニア・ヘルツェゴヴィナと並んで欧州予選を勝ち抜き、出場していた。マジック・ジョンソンやマイケル・ジョーダンを擁する米国バスケットボールの〝ドリームチーム〟を相手に、バルセロナ・オリンピックの決勝戦で健闘したことも、鮮烈に記憶にある。どうしてどうして、侮れない国ではないか。

だが、登った丘のさらに奥にある、まだ新しい高級ショッピングモール2軒をみて、この国の経済状況が厳しいものであるということに、瞬時に理解を引き戻された。「カスケード」という看板の掛かった1軒は無残に閉鎖され、残る「キャピトル」という名称のモールも、空き床だらけで閑散としていたのである。2009年のユーロ・ショックから立ち直れないまま、今日に至っている様子がありありだった。

ACT2. クロアチア・ザグレブで想う、南スラヴ人の難しい心性

2014年夏、旧ユーゴ諸国の現状を探検に出かけた筆者。その中ではスロヴェニアと並ぶ経済先進地と言われる、クロアチアの首都・ザグレブの美しい町並みに感銘を受ける。しかし、その先にあった高級ショッピングモールの不振を見て、この国の経済的な苦境をも感知したのだった。

閉鎖されていた高級ショッピングモール「カスケード」

ザグレブの街頭風景に表れた「中進国のワナ」

旧ユーゴ分裂後も経済面での優等生として生き残ってきたと聞いていたクロアチアだが、コトはそう簡単には進んでいなかったようだ。ホテルの方向に戻りながら、やや冷静になって観察してみると、スマートフォンをいじっている人はちらほらで、まだまだ普及途上だと見て取れた。ファーストフードや世界的な服飾ブランドの店も、あまり見かけない。「世界資本に抗してローカルコンテンツが残っている」と言えば聞こえはいいが、若者などは不満だろう。オープンカフェの多さはこの街の魅力だと思うが、よく見れば飲み物1杯だけでヒマそうにボーッとしている人が目立ち、失業中なのだろうか所在なげにたばこを吸っている人も多い。筆者は物理的にたばこの煙にアレルギー反応が出る体質なので、東京以上に煙を吸わされるのには辟易《へきえき》した。

後々、旅の最後で思い起こして比較してみると、クロアチアはスロヴァアキアと並んで旧共産圏における西欧化の優等生であり（今回は行っていないがスロヴェニアもそうなのだろう）、英語もよく通じるし街も清潔だ。通貨こそまだユーロではないが、日本人の思い描く欧州のイメージからみても違和感はない。しかし小国だけに国内市場は小さく、人件費の上昇に連動して産業が輸出競争力を失う、いわゆる「中進国のワナ」にはまってしまっている典型なのではないか。

クロアチアステーキ（薄切り肉を巻いて揚げたもの）

店内禁煙の飲食店はどこかにないかと、うろうろホテルの近くまで戻ってきたら、ヒマそうなシェフが客引きをしているのと目が合って、「うちは禁煙だ、さあどうぞ」と地下に案内された。まだ17時なので誰もおらず、クロアチアステーキ（薄切り牛肉を筒状に巻いて、衣を付けて揚げた料理。まさにオーストリア風）と、豆の煮込みと、西欧スタイルのサラダをゆったりいただく。カロリー過多だったが、味は良かった。

時差ボケ解消のために早めに就寝したその翌日は、ボスニア・ヘルツェゴヴィナの首都、サラエヴォへの移動日だ。400キロ弱（東京―岐阜間に相当）しか離れていない隣国の首都同士ながら、交通手段は限定されている。高速道路はなく鉄道も不備で、陸路だと朝出て夕方に着くということとになる。そこで1日に2本しかないクロアチア航空便の早い方、14時45分発を予約していた。もともと同じ国だった旧ユーゴ内の、それも解体後の各国の首都同士を結ぶ航空便が、このように本数の少ない状態であるということも、経済的な不活性を示唆している。

このプランだと午前中に再度ザグレブの町をゆっくり探訪できるはずだったが、至急片付けなくてはならない原稿直しのため、12時までホテルに缶詰でパソコンに向かう。

同族同士が相争う因果な歴史の果てに

バスターミナルに出て前日同様のバスでザグレブ空港に着き、ラウンジで引き続き小1時間パソコンに向かった後に、2×2列の座席のプロペラ機に乗り込んだのだが、機材の不調で、それから2時間近く機内に閉じ込められることになってしまった。しかも結局降ろされてしまい、「次の便に乗ってください」ということになったのだが、1日2便しかないので次は22時発だ。

空港を17時に出るバスで市内に戻って、市街地を昨日回らなかった部分を中心に1時間ほど歩き、19時に空港に戻って夕食をとり、ラウンジでまた1時間半ほどパソコンに向かう。やれやれ、せっかく外国に来ていながら、何をしているのかわからない日になってしまった。これなら陸路でサラエヴォに向かった方が早かった。

乗り直した深夜の便でサラエヴォに飛びながら、クロアチアの来し方、行く末について再考する。冒頭に述べたワールドカップ・イタリア大会の翌1991年、スロヴェニアとクロアチアは同時に旧ユーゴからの独立を宣言したが、連邦の中心だったセルビアは、西に離れた前者への介入を早々にあきらめ、そちらでの流血沙汰は10日間で終わった。

しかしセルビア人も多く住むクロアチアでは、事はそう簡単ではない。クロアチア国内の3分の1を占める「スラヴォニア地域」（スロヴェニアではない）のセルビア人が「クライナ・セルビア人共和国」建国を宣言し、1995年まで内戦が続く。しかしこれは結局、クロアチアによる同地域の武力制圧と、20万人ものセルビア人難民の発生で終結した。いわゆるエスニック・クレンジング（民族浄化）が、21世紀も間近な欧州で行われてしまったわけだ。

〝浄化〟というが、要するに居住の自由を剝奪する人権蹂躙《じゅうりん》でもある。セルビア系住民がいなくなれば、その住んでいた家や住んでいた土地は誰のものになるのか。セルビアなどから追放されてきたクロアチア人が取得するということになるのだろうが、これも財産権無視の脱法行為だ。外国人所有の不動産だからといって賠償もなしに接収したりできないというのは、文明国同士の常識である。ましてや彼らは、直前まで同国人だったのだ。

そこまで対立を深めたクロアチア人とセルビア人だが、そもそも彼らの言語は同じセルボ＝クロアート語だ（現在はクロアチア語、セルビア語と、別々に称されている）。旧ユーゴの首都はセルビアのベオグラードだったが、建国のカリスマで終身大統領だったティトー（1980年死去）はクロアチア人である。では違いは何かというならば、宗教と、使用している文字の違いにすぎない。その背景には、過去にオーストリアに支配されたか、トルコに支配されたかの歴史の違いがあるのだが、そのあたりはおいおい、さらに奥へと奥へと探訪しながら理解し直していこう。

ナチスに対するゲリラ戦を戦い抜いて、旧ユーゴを建国した英雄・ティトーは、当初からスターリニズムと距離を置き、工場への労働者自主管理の導入に代表される柔軟な社会主義体制を取った。しかし同じ南スラヴ語を話す仲間の大同団結を求め、国内の個別の民族主義は厳しく禁圧したのである。とはいえ彼が人権弾圧も辞さずに守ろうとした南スラヴ系民族の統一、それによる規模の利益の実現は、結局その死後10年を経ての国の瓦解により、見果てぬ夢に終わってしまったわけだ。

後年会ったあるハンガリー人は、クロアチアの現状を「ドイツの経済植民地」と表現していたが、ドイツとの所得格差を考えればあながち的外れではあるまい。クロアチア航空も、まるでルフトハンザ航空の支線を運航する下請け企業のような様相を呈していた。スラヴ系ではなくゲルマン系であるドイツの経済支配は甘受しても、同じ南スラヴのセルビア人に政治的に頭を押さえられることは我慢できなかったクロアチア人。この難しい心性こそ、旧ユーゴ地域を理解する鍵の一つなのかもしれなかった。

今向かっているボスニア・ヘルツェゴヴィナでは、クロアチア紛争と同時期に、セルビア人とクロアチア人にムスリムのボシュニャク人が加わって、より凄惨な流血を伴う内戦が起きている。同地でもう少し考えを深めてみたい。

ACT3. 内戦の流血の地、ボスニア・ヘルツェゴヴィナのサラエヴォで考える

乗るはずだった午後便のキャンセルで、深夜11時前にようやく着いたボスニア・ヘルツェゴヴィナの首都、サラエヴォの空港。ロビーは設備も古く、閑散としていた。フランクフルトとザグレブの空港ターミナルの設計にも、21世紀と90年代のバブル崩壊前ほどの差があったが、サラエヴォの現状は「まだ昭和40年代」という感じだ。

この旅のここから先は、まだEUに加盟していない国々の旅となる。ATMで当国の通貨マルカを引き出し、タクシーで旧市街の中の小さなホテルに向かった。

中近東のような街並みのサラエヴォ旧市街

着いたホテルの周囲の、バシュチャルシヤ地区の街並みは、ミニ・ウィーンのようだったザグレブとは一転して、中近東風（あるいはスペインのアンダルシア地方風）だ。街灯がしみじみ照らす中、飲んでの帰りだろうか、まだ少々の人通りがある。闇に沈む狭い路地と、低層の建物を眺めつつ、取りあえず就寝した。

翌朝、少々早起きして、本来なら昨日夕方から夜にかけてじっくり歩き回っていたはずのサラエヴォ旧市街を、駆け足で回る。飛驒高山の街を大きくして反時計回りに90度傾けたような感じで、川幅20メートルほどのミリャツカ川の清流が刻んだ谷間に、東西何キロにもわたって細長く街が延びる。モスクも多く、石畳の路地が入り組んで、トルコが欧州の山中に引っ越してきたような都市景観だ。そこを旧式の市電が頻繁に循環し、老朽化した家々が、南北両側の山腹にはい上がるように建っている。

この町では１９８４年に、冬季のサラエヴォ・オリンピックが行われた。日本選手ではスピードスケートの北沢選手が銀メダルに輝いたが、その12年前に札幌で活躍したジャンプ陣はメダルを取れなかった。ノルディック複合で日本選手が躍進したのは旧ユーゴ解体後の92年のアルベールヴィル大会（フランス）と94年のリレハンメル大会（ノルウェー）であり、現在のようなフィギュアスケートでの日本選手の大活躍も、92年のアルベールヴィルで伊藤みどり選手が三回転半ジャンプで銀メダルを獲得してから始まったものである。ということで当時は、冬季大会への注目度もいまほどではなかったと記憶するが、それでもその際には、多くの日本人がこの街を訪れたことだろう。

この大会の際には、その後10年を経ずして訪れた国家分裂の予兆があった。オーストリア選手団に対し、暴力を振るう地元観客が出たのである。オーストリアは、旧ユーゴのうちスロヴェニアとクロアチアを多年支配した国だった。そのフェルディナント皇太子をセルビア民族主義者の青年が暗殺したことが第一次大戦の引き金になったというのは、有名である。しかしその第一次大戦に敗北して帝国は解体され、第二次大戦に先立っては一小国としてナチスドイツに併合される苦難も味わっている。その国の選手団に対し、支配を脱して後70年近くも経っていたというのに、一部民衆の怒りが炸裂したというのだから、恨みの深さは尋常ではない。ちなみに、7名のみの参加だったトルコの選手団に対しては、暴力沙汰はな

旧市街バシュチャルシヤ地区

かったらしいが、トルコの支配は、さらに長く苛烈だった。

韓国でも、日本の敗戦に伴う独立後70年を経てなお様々な反日運動があることが報道されるが、韓国で戦う日本選手が暴行されるというのはおろか、韓国旅行の日本人が殴られるというような暴力沙汰もまったくない。日韓関係ばかりに関心を集中している人は、一度旧ユーゴスラヴィアを探訪してみるとよいだろう。

そんな歴史はともかくサラエヴォ旧市街は、ザグレブから陸路で400キロしか離れていないということが信じられないほど、オーストリア系とはまったく別のトルコ系文化の蓄積を示していた。時間があればいつまでも裏路地を探検していたかったが、次のモンテネグロに移動する手段が極めて限られていることから、午前8時にはもう、バスターミナルに向かわねばならない。

街外れのターミナルに向かうタクシーは、旧市街西側の新市街の大通りを走った。一転して、いかにも旧社会主義国という感じの無機質なビルが点在し、旧市街の路地の中を窮屈そうに走っていた市電が、大通りの中央をガタガタと高速で行き交う。草ぼうぼうの軌道に、この国の運営の経済的な難しさをひしひしと感じた。

この歴史ある小都市こそ、当国在住のボシュニャク人、クロアチア人、セルビア人が相争った内戦（92～95年）当時に、凄惨な包囲戦を経験した場所である。この期間内に市内で命を落とした推定1万2000人のほとんどが、一般市民だったという。オリンピックの諸施設も、多くが戦場となり、廃墟となってしまったと聞く。

内戦は結局、ボシュニャク人・クロアチア人の居住地域（ボスニア・ヘルツェゴヴィナ連邦）と、セルビア人居住地域（スルプスカ共和国）に、国を分割することで決着した。しかし両者の境界は複雑に入り組み、隣同士の家の間に引かれたりしている。行き来は自由で、通貨もマルカで共通だが、住民同士の交流は少ないという。

サラエヴォ旧市街の朝

ちなみにそれとは別に、ボスニア地方とヘルツェゴヴィナ地方（世界遺産都市・モスタルを中心とした国の南部）という歴史的な区分もあり、国名も両地方の併記だ。日本人には非常に理解が難しい状況といえる。

そもそもこの3民族の言語は同じセルボ＝クロアート語で、地域内には日本語の方言よりも小さな違いしか存在しない。だが宗教が、イスラム教、キリスト教の正教（セルビア正教）、カトリックと異なっている。当地のムスリムは世俗派で、女性も多くはスカーフをかぶっておらず、外見では誰がどの民族なのかわからない。しかし、宗教の違いの背後には14世紀にさかのぼる歴史的な分断があるために、根は深いのだ。

同じセルボ＝クロアート語の話者でもボシュニャク人は、交通不便な山地に住む純朴温厚な農民層で、かつてはボゴミル派キリスト教徒（正教からもカトリックからも異端とされ弾圧された教派）だった。彼らは15世紀から19世紀末までオスマントルコのゆるやかな統治下に置かれる中、ゆっくりとムスリム（イスラム教徒）へと改宗したのである。

誤解されやすいところだが、イスラム教を奉じるオスマントルコは、キリスト教徒から異教徒税を徴収し、折々に次男三男以下の子どもを徴発して改宗させイェニチェリ（常備の精鋭軍）とはしたものの、キリスト教徒のコミュニティには自治をさせ、改宗は強制しなかった。「コーランか剣か」ではなく、「コーランか納税か」だったのだ。だからこそ第一次大戦後のオスマントルコの崩壊に伴い、場所によっては７００年もトルコに支配されていた地域から、忽然とギリシャやブルガリアといった正教国が復活したのである。

それでもボゴミル派の南スラヴ人が、トルコ支配の下でムスリムに改宗したのは、同じキリスト教徒からの弾圧が無くなった結果として、逆に結束の原動力を失ったからなのではないか。旧ソ連の崩壊で対峙する相手を失ったことから、ソ連とは違う独自の社会主義を奉じる旧ユーゴが瓦解していったのと、基本原理は同じだったように思えるのである。

こういうのを「歴史は繰り返す」という。まったく同じことが繰り返されるのではなく、同じ構造が繰り返し現れるのだ。この「構造」が良く理解できない人は、クラシック音楽でも聴きこんで、同じ「テーマ」の変奏、というようなことに慣れ親しんでみるのも一興かもしれない。ちなみに筆者にはまったくそのような文化的素養はないのだが。

民族混住の地をまとめる「共通の敵」は悲惨な内戦の記憶か

それはともかくセルビア人は、14世紀から同じくオスマントルコに支配されつつも、東ローマ帝国時代からの正教を奉じて500年も反抗を続け、19世紀初頭に自力で事実上の独立を回復した尚武《しょうぶ》の民だ。使用する文字も、東ローマ帝国時代のブルガリアで発明され正教圏に広まったキリル文字である。他方でクロアチア人は、トルコの支配を免れたがオーストリアのハプスブルク家に多年支配された結果、カトリック教徒となって中欧の文化に同化している。使っているのは英語と同じラテン文字だ。

さてセルビア人から見れば、同じトルコの支配下でムスリムになってしまったボシュニャク人は、田舎者で裏切り者ということになるのだろう。オーストリアに支配されその文化に感化されたクロアチア人は、都会人ぶっていて文弱だ。自分たちの方が文化的に先進だといわんばかりの態度が、鼻につくと感じるのではないか。逆にクロアチア人を代弁すれば、セルビア人はプライドばかり高くて野卑な奴ら、という感じなのだろう。

しかしそれをいうなら、同じ南スラヴ系でもスロヴェニアこそ、最もオーストリア化した同族である。だが、彼らとは言葉が通じない（東北弁と九州弁のようなものか）。そのような相手には立たない腹も、言葉が同じ相手には立つということなのだろう、クロアチア人とセルビア人は第二次大戦時に派手に殺し合った。武勇の誉れ高いセルビア人の多くがナチスにも強固に反抗したのに対し、クロアチア人の多くはあろうことか、ナチスのセルビア人弾圧に加担したのである。両者がキリスト教徒として手を結んで、大人しいボシュニャク人を殺害したということは、当時については聞かない。近しい間であるほど、近親憎悪は高まるのだ。

そんな両者をまとめたのが、クロアチア人でありながらセルビア人を中核とするゲリラを率いてナチスを駆逐し、旧ユーゴスラヴィアを建国した英雄・ティトーだった。80年の彼の死までの間、民族の混住や通婚が進み、ボスニアは3民族が隣同士に仲良く住む土地となった。しかし、旧ソ連圏の解体が波及して旧ユーゴでも民族主義の機運が高まると、切り分けようのないほど民族の混住した当地では、かつての隣人を放逐し自民族の卓越する土地にしようとの、民族浄化の狂気が荒れ狂ってしまう。やられる前にやれ、という行動がエスカレートした面もあるだろう。

そのようにして起きたボスニア・ヘルツェゴヴィナの内戦下、セルビア人の攻撃の矛先は、先に独立を確保したクロアチアに強固に支援されるクロアチア人から、ムスリムとして旧ユーゴからの独立を求めるボシュニャク人へと方向を変える。人間共通の愚かさというべきか、敵の中でもより弱い方をたたき始めたわけだが、これは戦略ミスだった。ボスニアに住むクロアチア人をクロアチア本国に追いやるというのは理屈上はできないことではないが、当地のボシュニャク人には他に行き先はないのだから、必死に抵抗するしかない。そのような戦略ミスへと誘導したクロアチアの方が、一回りずる賢かったという評価もありうるかもしれない。何であれ流血を起こすのは罪であると考える筆者としては、どちらの国の肩を持つものでもないが、旧ユーゴ解体プロセスを通じてのセルビアの感情過多の不器用さには、いささかの同情が湧かないでもないのである。

何にせよ、最も弱い立場のボシュニャク人の苦境は、欧米の同情を呼んだ。世論を受けた北大西洋条約機構（NATO）のセルビア人勢力への空爆開始で、戦況は逆転する。セルビアだけが悪者になったタイミングを見てクロアチアは、前述のように自国内のセルビア人20万人を追い出し、ボスニアでもボシュニャク人と組んで、国土を分割しての連邦形成という方向を確立させた。

そのような流血の終息から20年以上がたつ。しかし350万人程度（静岡県と類似）と少ない人口、標高は低いが険しい山ばかりの地形、劣悪かつ老朽化したインフラ、そして現在も続く民族的・宗教的・政治的分裂と、悪条件を極めた当国の経済発展はどう考えても難しい。

それでもこの国の政府は、「同じような山国で、ドイツ・フランス・イタリア・ロマンシュの4言語を併存させせつつ世界最高の競争力を持つ、スイスのような国を目指す」というビジョンを持っているようだ。旧ユーゴが掲げて失敗したことを、ずっと小さな規模ではあるが再現しようとしているわけだ。というのも、3民族が余りに混ざりあって住んでいて、民族浄化は不可能であることを、内戦から学んだからである。しかしスイスがまとまっているのは、昔はハプスブルク家、いまは周囲の欧州連合（EU）諸国という、対抗すべき相手を持っているからだ。ムスリムとしてまとまれるボシュニャク人はボスニア国民の半分弱に過ぎず、他の2民族はそれぞれの本国を向いているではないか。

とすれば、ボスニア・ヘルツェゴヴィナの〝凝固剤〟となるべき〝対抗すべき相手〟、もっと言えば〝共通の敵〟を探さねばならない。それは何か。「どんなに憎くても実力行使をしてはいけない。自己の権力欲を実現しようと対立を煽り、平和を壊す輩こそ、全員の最大の敵だ」という、悲惨な内戦経験の教訓ではないだろうか。この記憶だけが、現在のような「分裂しつつも一応一つの国」という体裁を支えている。

そう考えると旧ユーゴ解体の真因は、同族が殺しあった第二次大戦の参加を経験した世代が、（日本やドイツなどに比した平均寿命の短さもあり）権力者の中から一足早く消えて行ったことだったのではないか、と推測される。そうなれば当国の次なる危機は、内戦の記憶を持つ世代が去り始める数十年後にまた到来するのかもしれない。

いやその前に、第二次大戦の記憶をようやくいま失いつつある、より平均寿命の長いドイツや日本のこれからの方が、先に懸念すべきものなのかもしれなかった。

ACT4．ボスニア・ヘルツェゴヴィナからモンテネグロへ、絶壁の道を行く

前日の「ザグレブ↓サラエヴォ」の移動では、予定の飛行機が飛ばずに大幅なタイムロスを余儀なくされた。だが今日の、モンテネグロの事実上の首都ポドゴリツァへの移動では、そのような心配はない（憲法上の首都はツェティニエ）。同じ旧ユーゴで隣り合う両国の首都同士だが、航空便は最初から飛んでいないからだ。

鉄道もなく、公共交通はワゴン車に毛が生えたようなミニバスが1日数本のみとなる。所要6時間半。途中には何があるのだろうか？　それとも何もないのか？

サラエヴォの場末の「東バスターミナル」でミニバスに乗る

モンテネグロは、オスマントルコが東欧を席巻した５００年間あまり、大海の中の孤島のようにキリスト教の正教を奉じて独立を保っていたという、セルビア以上に武勇の誉れ高い国だ。サラエヴォからは南東方向にあたり、バスは「東バスターミナル」から出る。

だが東というのは、そこから出るバスが東方面（多くがスルプスカ共和国＝セルビア人地域）に向かうからで、実際の位置は旧市街地の南西、タクシーで20分ほど離れたところにある。同じサラエヴォでも、そこまで行けばスルプスカ共和国の領域になるのだろう、タクシーの運転手は心なしか行くのが嫌そうだったが、ボシュニャク人だったのだろうか。

もちろん領域の境には何かあるわけではなく、場末感あふれる街並みが続いている。着いてみると、売店が一つだけの寂れた施設だった。窓口で１５００円程度と格安の切符を買う。クレジットカードは使えないが、現金が足りなければＡＴＭはある。

トイレに行って、売店で水と昼食用の菓子を買う。この順序が失敗で、これから乗るのはワゴン車を改造したミニバスだった。定員十数人の席はすでにほぼ埋まっており、しかも皆が出発直前に思いっきりたばこを吸ってから乗り込んでいるので、車内には煙が充満していた。何とか最後の空席を確保するが、窓際ではなく、車窓の写真が撮りにくい。

バスは定時の9時に発車した。旧ユーゴの都市間バスは、いろんな中小事業者がばらばらに運行しているようなのだが、共通のネットサイトで発着時間を調べることができる。渋滞がないこともあろうが、運行時刻は驚くほど正確だ。

間際に駆け込んできたマッチョな男性と若い女性は、気の毒にも狭い通路に立つことになった。まさかモンテネグロまで6時間半立ったままかと心配したが、男は30分ほど先で、女は1時間半ほど先の国境手前の町で下車した。それにしても、自家用車が必ずしも普及しておらず、公共交通機関もこのように各路線1日何本かの長距離バスしかない（それもミニバスだったりする）うえに、乗る民族が路線によって分かれるということなので、この国の庶民の都市間移動はたいへんである。

南西の外れにある「東バスターミナル」

改めて思えば1990年、史上最後の旧ユーゴチームを率いたボスニア人イヴィチャ・オシムは、チーム内の諸民族の不和を超えて、共通の敵に対する勝利に向けて仲間を一致団結させるリーダーシップを持っていた。その能力は、第二次大戦後のボスニアが、まったく求心力のない中、国家を形成しようとする苦闘の中で磨かれたものだったろう。多民族の集まるクラスをまとめる、近所をまとめる、組織をまとめる、そういう経験を、彼は日々重ねてきたはずなのだ。

そんな彼は、とにかく不和を表に出さずに何事も丸く収めようとする日本人のナショナルチームを率いたときに、何を思ったのだろうか。1億3千万人がまとまる日本の凄さを、わずか数百万人が分裂する自国に重ねて実感しつつも、それゆえの個の弱さ、真剣勝負になったときの一対一でのひ弱さを感じただろう。この旅行の後の話になるが、2015年から18年に同じく日本代表監督を務めた同じくボスニア人のハリルホジッチも、〝個の弱さ〟という同じ課題を克服させようとして、まったく果たせなかったばかりか、選手とサッカー協会が裏で手を握るという集団戦に敗れて解任された。

バスはサラエヴォを出ると、すぐに谷間に入って行く。最高でも標高2000メートル少々の山地なのだが、山は深く、谷は複雑に入り組んでいる。標高が低めでも山容が険しいのは四国山地や紀伊半島、宮崎県内陸などを想起させるが、当地の方がさらに交通は困難だ。というのも地質が全面的に石灰岩質で、しかも雨が少ないために、谷だけが深く浸食されて断崖を形成しているからである。これまた日本でいえば岡山県の高梁《たかはし》川中流域、およびその支流の成羽《なりわ》川中流域が少々これに近いのだが、山の高さと谷の切れ込み方の深さは段違いだ。

発車後2時間。国境手前の山中にぽつんとある食堂で休憩する。トイレの汚さと、乗客が一斉に降りてたばこをくゆらせる姿に、「ここは本当に（この旅の始まりの）ドイツ・フランクフルトと地続きなのか」という感慨を覚えた。ちなみに道路を走った場合の距離は、東京から鹿児島までと同等だが、鹿児島県の山中と東京都心なら、コンビニの品ぞろえは同じで、トイレは鹿児島の方が清潔かもしれない。

目もくらむ断崖地帯を越える

休憩を終えたバスは、とうとう1車線になった道をぐんぐん上っていく。舗装はされているのだが、途中に崖崩れで路肩が崩壊し、道幅が3メートルくらいしかない箇所があった。その部分は舗装もないし、ガードレールももちろんないので、ミニバスは時速数キロでそろりそろりと抜ける。右下の川底まではむき出しの崖であり、標高差は150メートルくらいはあるだろうか。いずれ車が落ちて問題になるのではないかと思うが、ボスニア政府には抜本的な修復の資金がないのかもしれない。

その先の断崖に、ボスニア側の国境検問所がへばりついていた。直下の川には、美しい翡《ひ》翠《すい》色の水がとうとうと流れており、ラフティングを営む会社の事業所が見える。この水の上をゴムボートで下っていくのは、渓流好きにはこたえられないことだろうが、来るのはたいへんだ。

運転手が乗客のパスポートを集めて、10分ほど待つ。それから川を橋で渡り、つづら折りを上がると、今度はモンテネグロ側の検問所でまた10分。この二つを通った後、無事全員にパスポートが返されて、再出発となった。旧ユーゴ時代にはなかった手間だが、乗客には格好のたばこ休憩になっているようだ。しかし当方は煙が迷惑だし、ここまでボスニア側から崩落箇所を通って毎日通う係員はたいへんだろう。

とそのように思ったのだが、すぐに、モンテネグロ側からの通勤はもっと大変だと実感することになる。というのもそこから先が、目を見張るような石灰岩の大峡谷地帯で、道は崩落こそしていないものの、これまで以上に垂直に近い崖につけられた道を行く。旧ユーゴ時代の工事なのだろうが、よくぞこんなところに通したものだ。富山県の黒部峡谷・下《しも》ノ廊下《ろうか》に断崖をえぐり抜いて造られた「旧日電歩道」の写真を思い出す。ただし豪雪地帯ではないうえに固い石灰岩をくりぬいているので、一度造れば崩落はしにくいのだろう。折から雨も降り出し、車内の空気はますます陰鬱になった。

お昼時だが、当然ながら店もレストランも、そもそも家もない。トンネルを抜け、その出口から曲芸のようにかかったコンクリート橋を渡ると、その先に黒四ダムそっくりのアーチ式の巨大なダムが現れた。ここまでを「下ノ廊下」にたとえたのは、ますます間違っていなかったと感じる。そこから先は30分ほど無人のダム湖畔を走ったのだが、よく見ると対岸の崖には、大きな鍾乳洞がボコボコと口を開けている。一つ一つ探検したら一生かかるくらいの数があったように思うが、観光利用はされている気配もない。

ダム湖の先で峠越えにかかると、振り返った彼方の山腹の「あそこまでどうやって行くのか」と思うような場所に、山村集落が見えた。いまでは車で行けるのだろうが、長らく自給自足の生活の続いた場所だったただろう。日本の山村と違って、雨が少ないのではげ山の部分も多く、木材や山菜などの森林資源は豊富ではない。土も、石灰岩質の上に腐葉土が少ないので痩せている。同じ「温帯」に分類されていても、自然の恵みの基本条件が違うのである。だから人口密度は、日本の山村とは比較にならず低く、商業施設というようなものもほとんど見かけない。

その後は長々と高原を下った末、14時にようやくニキシチの町のバスターミナルに着く。ここでようやく2度目のトイレ休憩。あとで地図を見ると、この町のある盆地自体が巨大なポリエ（石灰岩質のくぼ地）であり、ここから流れ出る川は存在しないようだ。

さらにその先は、淡々と丘と平地の続く間を抜けて、15時半にポドゴリツァのバスターミナルに到着した。筆者はここで下車したが、バスはこの先、アドリア海沿いのリゾート地帯までまだ何時間も走る。乗客の大半は乗ったままだった。

それにしても6時間半、車窓は山と谷と草原だけだった。オスマントルコがモンテネグロを制圧しなかったというのも、この険しい山に囲まれた場所であったうえに、交通の要地でもない、農産物にも乏しい、早い話放置しておいて構わない場所だったというのが、正直なところではないか。

旧ユーゴ解体後も、モンテネグロは最後までセルビアと連邦を組んでいたが、結局国民投票を経て独立した。しかしボスニアの独立をあれだけ阻止しようとしたセルビアは、モンテネグロの独立をまったく止めようとはしなかった。友好国であって、独立後も国内のセルビア人の弾圧には走らないであろうことも理由だっただろうが、地政学的に魅力がなかったことも理由ではなかったか。

それに対し、酔狂にも（？）当地の完全制圧を試みたのがナチスである。だが彼らは、テイトーに率いられ険しい山岳地帯に立てこもったパルチザン（ゲリラ）をついに駆逐できなかった。確かにこの地形では、お得意の機械化戦は無理だ。

歴史を通じて放置されがちな、去っても追われない地政学的位置にある極小国モンテネグロ。そんな国が欧州にあることを、日本人のほとんどは知らないだろう。そこに営まれている暮らしとはどんなものなのか、いまから欧州で最も知られていない首都・ポドゴリツァを歩いて、探索してみようではないか。

ACT5．欧州で最も地味な首都、モンテネグロはポドゴリツァの街角に想う

6時間半のミニバス乗車の末、定時の15時半に着いたポドゴリツァのバスターミナル。人口62万人と鳥取県ほどの人口の国の、平成合併前の旧佐賀市ほどの人口の首都だ。と言ってしまうと佐賀市に失礼ではある。こちらにはスターバックスコーヒーもマクドナルドもない。ショッピングセンターもコンビニも、飲み屋街もライブハウスもない。でも欧州には珍しい、日本でもなかなか見かけないほど水晶色に澄んだ川が、小さな市街地の真ん中をとうとうと流れ下っていた。

到着したバスターミナル横のポドゴリツァ駅

忘れられた首都・ポドゴリツァを歩く

バスターミナルの横にある駅をのぞくと、ちょうど1日に何本もない列車が、アドリア海沿いのリゾートエリアか

ら何時間かかけて着いたところだった。思いのほか大勢の乗客が降りて来る。この列車はこれから、セルビアのベオグラードに向けて、筆者がいままで抜けて来たのと方向は違うが、同じようにとんでもなく険しい山地を越えて行くはずだ。

モンテネグロ語は、南スラヴ系のセルボ＝クロアート語の一方言だというが、その話者であるモンテネグロ人の顔つきは、スラヴ人というよりはラテン系のイタリア人だ。日本人の多くは民族と人種を区別して議論していないように思われるが、民族とは人種（DNA由来の違い）ではなく言語や宗教に基づく区分なのである。日本人の中に、韓国人そっくりの人もいればインドネシア系の顔の人も、白人のような顔立ちの人もいるというのと、話は同じだ。

このモンテネグロ人が歴史の表舞台に登場したのは19世紀、露土戦争の後の和平会議だったと、高校時代に読んだ記憶がある。会議に現れた見慣れぬ集団が、「我々はモンテネグロ公国だ。昔から独立していたので、国として認めてほしい」と主張したのでみな驚いたというのだが、実際にはその前から同じスラヴ系のロシアの支援を受けていたらしい。

旧ユーゴの解体後も最後まで、この国はセルビアと連邦を形成していた。セルビアの首都ベオグラードとこの国の間には大峡谷があって、鉄道はあるものの往来はまったく密ではなく、空の便も小型機が1日4往復だけだ。しかしトルコに制圧されつつも反抗し続けたセルビア人からすれば、「俺たちにもできなかった独立を貫いたモンテネグロ人は大したものだ」ということで、両者は仲が良かったのである。同じキリスト教の正教を奉じ、キリル文字を使うということでも、違和感はなかった。そんなら同じ国になったらどうかということだが、言葉が（方言が）少し違ううえ、歴史的には独立を保っていたモンテネグロとして、ここでセルビアと国家統合までをする気にはならなかったのだろう。

整然としたポドゴリツァ市街

とはいえセルビアが、ボスニア紛争に続くコソヴォ紛争で西欧をますます敵に回す中、観光客にも来てほしい国情から、モンテネグロも静かに独立することになった。モンテネグロの人口の3割以上はセルビア人なのだが、モンテネグロ政府が彼らを弾圧するわけでもなく、かつモンテネグロ自体が地政学的に要地でもない。その結果さしものセルビアも「去る者は追わず」だったのは、前述の通りである。

そんな当国は、EU加盟国でもないのに、勝手にユーロを通貨に使っている。アドリア海沿いの観光開発が最大の成長戦略だが、目立ったリゾート施設もないようだ。筆者

いかにも成金が建てた風のホテル

の泊まったホテルも、いかにも資本主義化後に儲けた成金が建てたという感じの、センスの良くないゴテゴテの大きな建物だったが、宿泊客はほとんどいなかった。

荷物を置いて、町を歩いてみる。小さいといえど欧州の一国の首都だけに、電線の地中化された街路が整然と走り、政府関係のビルに囲まれた広場では、人々が三々五々夕涼みしていた。しかし車はほとんど走っておらず、ザグレブはもちろんサラエヴォとも賑わい感がまったく違う。旧ユーゴ時代からこんな感じだったとすれば、当時から国内の南北格差はとんでもなく大きかったということだろう。

市街地の片隅には、トルコ風の迷路状の街路の走る一角が残り、石造りの時計塔が建っている。川の合流地点には古い砦《とりで》の跡もあった。だが観光客向けの解説はなく、どこまでも地元民だけの、静かな時間が流れている。


男たちの絶望と、手作りの本屋に集う女性たちの希望

レストランというほどのものも見当たらなかったが、小さな食堂があったので入ってみた。

トルコ料理に似た、羊の挽き肉を焼いたものをいただく。店員の若い男4人は片言の英語を話したが、口々に「仕事もないこんな田舎の国に、将来なんてない」と吐き捨てるように言うのには驚いた。確かに欧州の他の国々からはあまりに忘れ去られた地域だが、こんなに空気も水も澄んだ首都は、欧州にはなかなかあるものではない。一度外に出てみないとわからないのだろうが。

これまた後日ハンガリーで、「モンテネグロやアルバニアは、小国でもあり、アドリア海対岸のイタリアから浸透してきたマフィアに経済を握られてしまっている」という噂を耳にした。古代ローマ帝国がこの周辺を強固に支配していたという歴史が、経済的に繰り返されている感もある。そのローマ皇帝には後々、この地域出身の皇帝まで出るのだが、そのうちイタリアマフィアにも、この地域出身のボスが出たりするのだろうか。それはともかくいま思えば、彼らの絶望の裏には、ODA利権などに走る政治体制への不信というものもありそうだった。

食事を終え、向かいにある小さな本屋に足を向ける。1フロア20メートル四方くらいしかないが、2階にはブックカフェもある。本棚も、カフェのカウンターも木製で、日曜大工が腕を振るったような手作り感がありありだ。英語を流暢《りゅうちょう》に話す女性店員がいたので、「この国で一番大きい本屋かな?」と聞いたら、「たぶんそうね」と答えた。

ポドゴリツァの書店の元気なスタッフたちと男性客

それから10分ばかり、彼女とその友人の女の子、物静かで細身の中年女性（おそらく店長）の3人と話し込んだ。

オーナーは別にいるが、自分たちで本を選んでディスプレイしていること。モンテネグロもネット時代だが、やっぱり紙の本に触れるのは大事だと思うこと。何もない田舎だけれども、1時間も南下すれば冬でも陽光燦燦《さんさん》のアドリア海、1時間も北上すれば冬は雪に覆われる大山岳地帯、こんなに自然に変化のある国はないと思っていること。自分たちモンテネグロ人はのんびりしているけれど、人情に厚くて暮らしやすいこと――。

その間に十数人の来店があったが、紳士的な感じの1人を除いて、これまた全員女性だった。

モンテネグロは、何かとマッチョな雰囲気の漂う尚武の国柄だ。だがその国への絶望を語った男たちに対し、書店に集う彼女たちの言葉には静かな希望が満ちている。聞いているうちに、その10年近く前、ほかでもない佐賀市の商店街に有志が手作りで設けた、NPOの運営する児童書専門の本屋で、同じように女性3人と話し込んでいたときのことが、フラッシ

文藝春秋の新刊

4

2019

「そらまめ」©大高郁子

ユバックしてきた。

誰も知らない欧州の僻地《へきち》と、極東の一地方都市。およそ違う世界でありながら、まるで同じような思いを抱いた女性たちが、静かに輝きながら一隅を照らしている。未来は常に、武張った男ではなく、次世代を生み育てる力を持つ女性たちと共にあるのだと思う。

彼女たちの未来への希望が裏切られないことを願いつつ、翌朝のセルビアの首都ベオグラードへのモンテネグロ航空のフライトで、この二度と訪れることもないかもしれない国を後にする。機内誌もない航空会社だったが、シートポケットにはなぜか、これまた成金の男たちが計画したのに違いない、ゴテゴテしたリゾートホテルの完成予想図が挟まれていた。

ACT6．セルビアの首都ベオグラードの栄光と憂鬱

旧ユーゴ旅行も4日目である。今日はモンテネグロの首都ポドゴリツァからセルビアの首都ベオグラードに飛んで（北上）、市内を見てからまた、北マケドニアの首都スコピエに飛び（南下）、さらにバスでコソヴォの首都プリシュティナに向かう（再北上）という、今回の旅程でも最もむちゃな移動日だ。慌ただしいが、知られざる国から、さらに知られざる国、えたいの知れない国へと、どんどん深入りしていく冒険気分は、悪くはない。

大きいが陰鬱さ漂うベオグラード市街

日本でいえば北海道・女満別《めまんべつ》空港に小さな免税品コーナーがついたような感じのポドゴリツァ空港から、2×2列の小型機で40分。バルカン半島の旧東欧諸国ではルーマニアの首都ブカレストと並ぶ都会、ベオグラードにやってきた。セルビアの人口700万人のざっと4分の1が住んでいる。空港はやや古いが、堂々たる構えだ。

EU未加盟、シェンゲン協定未加盟でも、日本人が旧ユーゴを含む東欧諸国へ入国するのにビザは不要だ。しかし入国管理ゲートでいきなり「セルビアに何をしに来た?」と詰問されたのには驚いた。

移民目的の不法入国の多い米国でもよく同じことを聞かれるが、孤立状態で不況のセルビアに、東アジア人の移民希望者はいないだろう。当時はまだシリア難民の殺到なども起きていなかったことであるし、この感じの悪さは何だろうか。それは、この国の孤立の結果でもあろうし、それをもたらした原因の一つでもあるに違いない。

空港バスはさすがに普通の大型車だった。人口200万人近い都会だけに、堂々たる大通りが交差する中を30分ほど乗って、ベオグラード駅に着く。さすがにバルカン半島の拠点の風格がある都市だ。周辺には手持ち無沙汰そうな人たちがたむろして雰囲気が悪かったが、空港にはなかった荷物預かり所を見つけて一安心した。

そこから2時間ほど歩き回った市内中心部は、（モンテネグロから既にそうだったのではあるが）街路表示がキリル文字で、まるでロシアの都会に来たような感じだ。他方、アメリカ東部の町に似て伝統建築よりも近代建築が目立ち、街路も広い。激戦地となった第一次大戦を筆頭に、歴史上150回もの争奪戦を経験した町だというが、何度も何度も焼けた結果として、社会主義的な都市計画が実施しやすかったのだろう。

場末感漂う駅前だが、最新のLRT車両が行き交っていた

しかしルーマニアの首都ブカレストやブルガリアの首都ソフィアにはある地下鉄は、この町にはない。市電も、車両自体は近代的なLRTの連接車両だが、ザグレブに比べると路線網の密度が粗い。車もあまり走っておらず、平日の朝にしては人通りも少なめで、人々の表情を見ても服装を見ても、不景気感、いやそれを超えた一種のイライラ感が伝わってきた。

旧ユーゴの解体で、人口にして3分の1の小国の首都に転落した上、ボスニア紛争やコソヴォ問題で西欧やスロヴ

美しく整備された商店街だが閑散としていた

エニア、クロアチアと疎遠になった。少子化も人口の国外流出も進んでおり、経済がうまく回る要素が乏しいのだろう。

歩いていると、コソヴォ紛争当時に北大西洋条約機構のミサイル攻撃で破壊された政府機関のビルの廃墟が、そのまま保存されているのに驚く。というか実態としては、ビル街の中に唐突に放置されている感じだ。上空から垂直にミサイルが突き刺さった様子がわかる。中にいた人はどうなったことか。原爆ドームの現代版にも思えてくる。周り中から侵略され続け、戦い返し続け、さらには自分も周りを侵略し弾圧し、という歴史の積み重なりの上にできた、負の遺産の大きさには慄然とするしかない。

丘を登って中心商業地区に出る。歩行者専用の石畳の空間の両側に広がる街並みは、欧州の他の大都市に劣らないものだったが、平日朝の10時台とはいえ、これまた人通りの少なさが印象的だった。何より観光客の姿がない。そんな中でバイオリンを奏でる、ロマの女の子の目つきは鋭かった。ここにはシューマンの作曲した「流浪の民」の世界がまだ残っている。

商店街を抜け、歩いて来た丘の西北端に位置するベオグラード要塞に出る。崖際から遠望するとそこは、広大なドナウ川にこれまた長大な支流のサヴァ川が注ぐ合流点だった。その瞬間に忽然と、「なぜベオグラードという都市がここにあるのか」が理解される。ドナウ川の首根っこをつかまえるこの丘を押さえた者が、ドナウ流域を制する。ここはそういう場所、バルカン半島随一の地政学的要衝だったのだ。

ドナウ川とサヴァ川の合流点の丘にベオグラードはある

ドナウ川屈指の要衝に重なる流血の歴史

ここに拠ったセルビア人は、日本でいえば飛鳥時代にこの地に進入してきて、鎌倉時代の頃に建国したのだが（経緯も時期も鎌倉幕府と似ている）、その後現在に至るまで、この地を文字通り死守してきた。

４００年を超えるオスマントルコ施政の下でも、何度も住民の強制排除を受けながら、その度にこの丘に戻って来た。その後のオーストリア＝ハンガリー帝国の支配にも、捨て身で抵抗し続けた。

セルビア人青年による、オーストリア皇太子の射殺に端を発した第一次大戦中にも、この町はオーストリア軍、セルビア軍双方による包囲と陥落を繰り返した。第二次大戦でもナチスと連合国双方の空襲を受けて、再三焼き払われた。いったいどれほどの血が流れたことか。だがクロアチア人のティトーも、ザグレブではなくここを首都に選んだ。この丘がここにある限りこの町は、何度壊滅しても中心地として復活せざるをえないのだ。この地に拠るセルビア人の執念が、その前にここに住んでいた誰かや、その後にやって来たトルコ人やオーストリア人やハンガリー人に結局打ち勝って、いまがある。周囲を敵に回しつつ孤立して、おずおずとEU加盟を探るいまが。

思えば西欧のキリスト教諸国は、カトリックを奉じる神聖ローマ帝国の首都ウィーンを、トルコによる2度の包囲から死守するのには協力したのだが、正教を奉じるセルビアの苦境には、結局十全の力を貸さなかった。ドイツ兵の死者1人ごとにセルビア人100人を虐殺したという、第二次大戦中のナチスの蛮行の記憶も、住民の脳裏には強く残っているはずだ。そんな彼らが、過去この地を侵略せずトルコやオーストリアやドイツへの抵抗の際には常に友軍だった、同じ正教国のロシアへのシンパシーを強く持っているのは当然だろう。

旧ユーゴの解体に、この国だけが反対し続けたというのも、よく理解できる。西欧にもトルコにもくみしないセルビア人のアイデンティティーは、南スラヴ人の統合あってこそ輝いていたのだ。しかしそのようなセルビア人の武張った態度こそが、クロアチア以下の旧連邦諸国の離反を招いた元凶でもあっただろう。南スラヴ民族の統一がもはや不可能である以上、セルビアは独り一小国として、周囲に埋没せずに生きて行く道を探るしかない。

空港に戻って乗った地元航空会社のエア・セルビアは、しかし、アラブ首長国連邦のアブダビを本拠とする、エティハド航空の子会社になっていた。他方で西を向かないという選択も経済的にはあり得ず、政府はＥＵへの融和姿勢を強めているという。ますます満たされぬ彼らのプライドはどこへ向かうのか、当方の思いも陰鬱に沈んだ。

ACT7. 首都スコピエで感じた、北マケドニアのおぼろげなアイデンティティー

旧ユーゴ解体後もあまり名前を聞かないのが、最南端にあってギリシャと接する北マケドニアだ。２０１９年２月まではマケドニアだったが、それに「北」をつけるのと引き換えに晴れてＮＡＴＯ加盟を認められる運びとなったというのは、日本でも小さなニュースになったので、それで知ったという人もおられるかもしれない。古代の征服者・アレクサンダー大王の帝国の名前が、いかなる経緯で現代世界に復活していて、しかもなぜそこが旧ユーゴなのか。

丹下健三のプランにのっとったスコピエ駅の荒廃

ベオグラードから、エア・セルビアの小型機で南下すること55分。今朝出たモンテネグロのポドゴリツァ空港と同じくらい小さくて、同じくいかにもODAで建てたようなターミナルの、スコピエ空港に着いた。

スコピエーベオグラード便は、乗ってきたのを含めて1日2往復しかないのだが、1日8本しかない空港バスはなぜかそれに接続していない。旧ユーゴ時代から相互の交流は乏しかったのだろうが、それにしても不便なことだ。庶民や貧乏旅行者は最初から長距離ミニバスで行きかっているし、金持ちは自家用車で移動するか、飛行機で来てタクシーに乗るということなのだろう。ATMでマケドニア・ディナールを下ろし、タクシーに乗る。

ちなみにディナールとは中東や北アフリカにも残る通貨名で、欧州で使っているのはセルビアと北マケドニアのみだが、古代ローマのデナリウス銀貨に由来する由緒あるものだ。スコピエも、スコーピオン（サソリ）かと思っていたが、ローマ時代のスクウピという要塞の名前からきているという。

空港を出たタクシーは、春のカリフォルニアという感じの、これまでよりも南国めいた田園地帯の中を走る。最初は四車線のハイウェイで驚いたが、すぐに普通の二車線路になった。

空港の周りだけ、ＯＤＡで整備したのだろうか。車内に流れるラジオの音楽は、西欧のポップスではなく、明確にトルコ風だ。同じ旧ユーゴ内でのこの違いにも驚いたが、あるいは移民の運転手だったのか。

30分弱で、市街地南端にあるスコピエ駅兼バスターミナルに着く。ミニバスが集結し、地元住民でにぎわうバスターミナルの窓口で、30分後に出るプリシュティナ（コソヴォの首都）行きバスのチケットを買う。

60年代半ばに丹下健三がプランニングしたスコピエ駅

「鉄道駅部分は？」と見てみると、鉄筋コンクリート造りの高架になっていて、曲線の屋根がかかり、しかも全体がたいへん老朽化している。まるで高度成長期に造られた日本の団地の駅が、欧州の片田舎に現れたような唐突感がある。

帰国後に調べてみると、１９６３年のスコピエ震災後の国際コンペで採用された、丹下健三氏のプランにのっとって建設されたらしい。筆者に言わせれば「こんなところにまで丹下のバッドセンスが……」だが、東欧人にはどう見えるのか？

ホームへと真っ暗な階段を上ってみると、折しもプリシュティナ行きの「国際列車」が発車寸前だった。かつてのニューヨーク地下鉄のようにさんざんに落書きされた客車の、しかも1両編成で、乗客の姿はほとんどない。思わず乗りたくなったが、ダイヤも不正確だと聞いており、しかもプリシュティナの駅が市街から離れているらしいので、やっぱり断念した。それにしても、駅の電光掲示板の表示だけは綺麗だが、他の施設は廃墟のようにボロボロだった。

そうであればなおのこと、ここでスコピエ市街を歩き回るべきなのだが、予約したバスに乗らないと今晩プリシュティナを歩く時間がなくなる。それを明日朝に回すと、早朝発のプリシュティナーティラナ（アルバニアの首都）へのバスに乗れず、今度はティラナ見物の時間がなくなってしまう。

正気の皆様は当然こんなバカな日程の旅行はされないだろうが、当時既に50歳を超えていた筆者は、残された人生の限られた時間の中で一つでも多くの国に身を置き、空気を感じることを優先したいとあせっていた。何だか話が大げさだが、とにかく本気でそういう理由から、相対的に小さなスコピエ見物を切ってバスで通過するだけにしたのである。偶然ながらこれは、制約条件の中では正解だった。プリシュティナのバスターミナルは街外れで、市街地の状況は歩かねばわからなかったのだが、スコピエの市街に関しては結果的にバスで縦断することができたからである。

バスはサラエヴォ－ポドゴリツァの移動で乗ったのと同じサイズのミニバスだった。今度は窓際に座れたが、車内は家族連れなどですぐに満員となった。僅か2時間半の距離なのに、このサイズのバスが1日に10往復程度しかないというのはなんとも不便なことだが、このマイナーな国境を越える庶民の流動がこれだけあることにも、逆に驚いた。

「去る者は追わず」で独立してしまった多民族国家

ざっくりいって鳥取市街ほどの大きさのスコピエ市街を抜ける。北マケドニアの人口は200万人少々しかない中で、スコピエの人口は50万人以上だというのだが、あまりそのような大きさは感じられない。きちんと歩いていれば、また違った印象だったのかもしれないが。

建物は、アメリカ東部の都会のようだったベオグラードと違い、サラエヴォ旧市街やポドゴリツァ旧市街と同じでトルコ風だが、街を見下ろす丘の上には大きな十字架が立ち、ここが正教国であることをアピールしていた。しかしセルビア正教会からの自立を宣言した「マケドニア正教会」は、その他の正教会からは正統性を認められていない。このあたりの教義の違い、あるいは違わなさというのは、「神学論争」というくらいで、まったくもって筆者の理解を超える。仏教の各宗派が、時にはおよそ180度反対のことを言っているように聞こえるのに比べれば、どこが相違点なのかまったく見えないことも多いのだ。だがとにかく、宗派が国によって分かれるというのは、あまり健全な状態であるとは思えない。

マケドニアという国名を北マケドニアに改称したのも、独立当時から、隣国のギリシャに強くクレームをつけられていたからだ。確かにこの国は、アレクサンダー大王を生んだ古代マケドニアとは歴史的にも民族的にも無関係で、地理的にも古代マケドニアの領域の北の一部を占めているだけだ。そこで国連や日本などでは、「マケドニア旧ユーゴスラビア共和国」を正式呼称として採用してきたのだが、今後は北マケドニアが用いられる。そうなると「南マケドニアはどこか」となるのだが、ギリシャの中にそういう地名はない。

スコピエの官庁街

そんな当地の住民の過半は、南スラヴ系のマケドニア語を話すマケドニア人だが(今後「北」がつくのかどうかは、執筆時点ではよくわからない)、4人に1人を占めるアルバニア人など、多くの少数民族が混住し、住民の3割はムスリムだ。マケドニア語も実際には、同じ南スラヴ語系でもセルボ＝クロアート語とはかなり違う、ブルガリア語の方言なのだという。

　アレクサンダー大王在位からおよそ1000年後、東ローマ帝国の時代に、この地域にはブルガリア人が定着する。14世紀後半には、東ローマ帝国最後の拠点・コンスタンティノープル（現イスタンブール）の陥落に半世紀以上先んじて、オスマントルコの支配下に入った。しかし教会を核とした村落自治の下、住民はブルガリア語を話し正教を奉じ続けた。19世紀後半のトルコの退潮により、当地はトルコ、ブルガリア、セルビアの争奪対象となる。言語からはブルガリアに属するのが自然だったのだろうが、第二次バルカン戦争、第一次大戦、第二次大戦でブルガリアが3連敗したこともあって、第一次大戦の前にセルビアに占領され、第二次大戦後には旧ユーゴの一部となった。

　だが旧ユーゴが解体してしまうと、言語の異なるセルビアにそれ以上追随し続ける必然はなく、かといって、山脈で隔てられて直結する道路が2本しかないブルガリアにつくメリットもなく、史上初の独立を果たしてしまう。ちなみに北マケドニアとギリシャの国境から南のエーゲ海までは80キロしかないのだが、ギリシャ語は同じインド＝アーリア系言語ではあってもスラヴ・ゲルマン・ラテン系には属さない言語なので、スラヴ系の当地がギリシャと融合することは、名前はマケドニアでもありえなかった。

ボスニアやコソヴォの独立を食い止めようと体を張ったセルビアが、マケドニアの独立に反対しなかったのは、第一に当地にセルビア人はごく少数しか住んでいないこと、第二に当国が経済後進地域であること、が理由だっただろう。去るのを邪魔されるのも困るが、追われないのも寂しいことだ。

人口200万人少々で、北をセルビアとコソヴォ、西をアルバニア、東をブルガリアと、およそ経済的に弱小な諸国に囲まれた当地の活路は、南のギリシャとの連携にこそありそうなものだが、国名を巡るこれまでのいざこざもあって、交流は活発ではない。勢い当国は、ギリシャと仲の良くないトルコの支援を色濃く受ける立場となっているようだ。

スイスのリゾートを走る観光用の馬車の御者には、マケドニア人が多いと聞いたことがある。国内の田舎でいまだに馬車が使用されている結果、馬術に秀でた人が多いらしい。そんな牧歌的な状態がいつまで続くのか、続かないのか、まったくよくわからないまま、バスは乗車後わずか30分で、コソヴォとの国境を越えた。

コソヴォ。旧ユーゴの六つの共和国にはカウントされていなかったのに、日本を含む多くの国から独立を承認されているこの国が、コソヴォ紛争終結後のいまどうなっているのか、これまた行ってみないことにはよくわからないのである。

ACT8. ユーゴ分裂の鬼っ子、コソヴォの首都プリシュティナの意外な繁栄

1990年代初頭に解体した旧ユーゴは、何度か述べた通り、「六つの共和国、五つの民族、四つの言語、三つの宗教、二つの文字を持つ、一つの国家」と称していた。だがその中のコソヴォ地域（ユーゴ時代はセルビア南部に組み込まれていた）に住むアルバニア人と、彼らが話すアルバニア語は、実は五つの民族にも四つの言語にもカウントされていなかったのである。

1998〜99年のコソヴォ紛争を経て、2008年にセルビアからの独立を宣言したこのアルバニア人国家は、その後どうなっているのか？

驚くほど栄えていたプリシュティナ

今日は、朝にモンテネグロのポドゴリツァを出て、お昼にセルビアのベオグラードを歩き、午後に北マケドニアのスコピエに飛んで、それからバスでコソヴォの首都プリシュティナに向かうという忙しい日である。16時半にスコピエ駅に併設のバスターミナルを出たミニバス

バス車内の子ども

は、狭い2車線道を北上すること30分で、コソヴォとの国境に差し掛かった。通る人もなかったボスニアからモンテネグロへの国境とは違って、自家用車が列を作っている。バス優先車線もなく、乗客のパスポートチェック含め通過に30分少々の時間を要した。

そこからまた30分程度、石灰岩質の崖がむき出しになった山地を走ると、コソヴォ盆地の田園地帯に出た。以降、首都プリシュティナまでの1時間ほどの間に、「予想に反して」というべきなのか、あるいは「薄々予感していた通り」というべきなのか、道路整備状況はみるみる良くなり、沿道の家はどんどん新しく立派になっていった。

19時前に、プリシュティナ市街の南西外れにあるバスターミナルに着く。明朝は6時半発のバスに乗るので、ホテルはターミナルの近隣にとっていた。どんな場末の宿かと思っていたが、とてもおしゃれな建物で、向かいのレストランの芝生の庭では、新興富裕層らしき人たちが派手に音楽をかけて野外パーティーをやっている。想定外の事象に出会うのに慣れている筆者も、さすがに驚いてしまった。

幸いまだ明るいので、都心がどんな感じなのか探索に出かける。ポドゴリツァやスコピエと同様に、プリシュティナにも市電はなく、市内バスの有無すらよくわからない。当時の筆者はスマホも持っておらず、見当をつけて歩いて行った。

緩やかに傾斜した大きな街路を北東に上がる。外装に赤茶色のレンガを多用した真新しい建物が並び、見るからに貧しかったスコピエとはまるで空気が違う。後々確認したら、ビル・クリントン大通りという名称だった。1999年、コソヴォがセルビアからの独立を試みたコソヴォ紛争時に、NATO（北大西洋条約機構）の介入を主導してセルビアに手を引かせたのは、米国大統領2期目も終わりに近い彼だったのだ。

地元民で賑わうジョージ・ブッシュ通り

ひとしきり進むと、左方向に歩行者専用の商業街路が分かれていた。これまた後日調べると、ジョージ・ブッシュ通り。2008年のコソヴォの正式な独立時の米国大統領だ。民主党と共和党で、水と油のようなクリントンとブッシュが並んでいるところが当地らしい。こちらには綺麗な並木が続き、オープンカフェや広場、子どもの遊べる噴水などがそこかしこに設けられ、驚くほどの人出がある。真新しい高級ホテルや銀行が並び、サラエヴォより平和で、ザグレブよりも金持ちそうで、ベオグラードよりも楽しそうだ。

もっと庶民的な空間を探して、その先の旧市街に足を踏み入れると、ようやくトルコ風の、狭い街路や古びた建物が出てきた。モスクも建っている。しかし依然として人通りは多いし、子どもの遊ぶ公園もあって、危なそうな暗がりはない。ちなみにここは、国民の9割以上がアルバニア人のムスリム国のはずなのだが、頭に何かかぶった女性は一人もおらず、総じて〝小綺麗なイタリア〟という感じだ。

当時ネットでコソヴォを検索すると、「北部にゲリラ活動がある」とか、「国外出稼ぎ者からの送金に頼る欧州最貧国」といった情報ばかりが出てきたものだった。そもそも、セルビア、北マケドニア、アルバニア、モンテネグロという小さくもややこしい国だけに囲まれた人口180万人の新興独立国が、しかもセルビアとは断交状態で、経済好調になるわけがない。しかるにこの金回りの良さそうな雰囲気は一体何か。復興援助バブル以外にはありえないだろう。

誰がどう裁いても難しいコソヴォ問題の深い根

旧ユーゴの六つの共和国の唯一の共通点は、「南スラヴ人の国」ということだったのだが、コソヴォに住むアルバニア人はスラヴ人ではなく、イタリアのラテン人や、オーストリアのゲルマン人でもない。もちろんギリシャ人や、アジア系のトルコ人でもなく、古代ローマ以前のバルカン半島の先住民族・イリュリア人の末裔であると言われる。その言語アルバニア語は、インド＝アーリア語族ではあるが周囲から孤立している。コーカサスの山中に孤立したアルメニア語と同じような立場だ。顔つきは陽気なイタリア人そのもので、どこか内省的で陰鬱な表情を持つスラヴ系セルビア人とは、これまたおよそソリが合いそうもない。

しかもアルバニア人の多くは、ボスニア同様に服装からはわからないが、トルコ支配時代に改宗したイスラム教を奉じており、正教徒ではない。その結果として、トルコなど中近東などからの手厚い支援を得ているのではないだろうか。そのようなことを考えながら旧市街地を歩いていたら、民家にセルビアの双頭の鷲の旗が掲げられていて、「セルビア系コソヴォ人の団体の本部」という表示があった。横に「コソヴォ政府によるセルビア系住民の弾圧に断固抗議する」と書いてある。コソヴォ紛争前には、当地の人口の6分の1はセルビア系だったのだが、その後20万人ものセルビア人が去った（追い払われた？）と言われる。世界で最も最近に起こった民族浄化ではないだろうか。残った7万人は、当地の国民の4％に過ぎない。

だがセルビア本国のセルビア人にとっても、この事態は許しがたいものなのである。というのもこのコソヴォ盆地は、中世セルビア王国建国の地であり、１３８９年と日本では足利義満が金閣寺を建造していた頃に起きた、オスマントルコとの死闘・コソヴォの戦いの故地でもあるのだ。決死のセルビアは、ここでトルコ皇帝を死に至らしめたのだが、戦場で即位したその子どもに敗北、以降５００年間近くも支配されるに至る。ちなみにその新帝は後に、中央アジアから遠征してきた英雄ティムールに敗れて捕虜となったのだが、その子どもがさらにまた優秀で帝国を復興。さらにその孫は、１０００年以上をコンスタンティノープルに拠ってきた東ローマ帝国をも滅ぼした。これを日本を舞台に設定した架空の話になぞら

旧市街にあったモスク

えれば、「大坂夏の陣で、真田幸村が家康を倒すのに成功したにもかかわらず、秀忠が優秀で豊臣方を倒した。家光がそれにさらに輪をかけて優秀で……」というような話である。

そのセルビアは、19世紀末に執念の再独立を果たす。しかしその発祥の地コソヴォは、トルコ施政下で移民してきたアルバニア人の土地になってしまっていた。これまた日本を舞台に設定した架空の話になぞらえれば、「元朝に征服された日本人がゲリラ戦を続け、５００

年後に再独立したが、その間に大和盆地は中国人移民の居住地になっており、その後に〝ヤマト国〟と名乗って何かと分派行動を取り、ついには欧米の支援を得て日本からの分離独立を宣言した」というような話である。

日本人にはこういう例え話に対して拒否反応を示す人がいるが、そういう方々は自国の歴史だけを特殊視する教育を受け、人類史に共通の構造を見抜く訓練ができていないのではないか。東の果ての海上に孤立してきた国に生まれたゆえに、民族の十字路にある内陸国家の凄まじい生きざまを、我が身に置き換えて考えることができないのだ。

それにしてもこれは、誰がどう裁いても〝妥当な結論〟にならない、あまりにもつれた事態だ。とはいえ現実には、コソヴォ盆地の住人の多数派であるアルバニア人を民族浄化などはできない。彼らを〝五つの民族〟に含めずにいわば〝二等民族〟扱いしてきた旧ユーゴの体制を、いつまでも続けるのには無理がある。そもそも1300年代にまで遡ってその当時の領土の正当性を主張するということが認められるのであれば、欧州の多くの国で国境が大幅に動いてしまう。米国などは存在自体が許されなくなってしまうのだ。

そういう事情もあり、コソヴォが独立を狙ったコソヴォ紛争は、「またしてもセルビア人による少数民族いじめ」という評価を得て、NATOの弾圧をくらってしまった。その結果コソヴォ人は独立を謳歌できるようになったが、多年住んできたコソヴォを捨てることとな

トルコ風の挽き肉料理

った20万人のセルビア人に、NATO諸国が賠償をしたというような話は聞かない。国と国との間の決着は、結局庶民のレベルで幾多の犠牲を引き起こすのである。

もう一つ、この紛争のもたらしたものは、「国境には変更を及ぼさない」という、冷戦終結後の暗黙のルールが破られるという事態だった。冷戦後に独立した旧ユーゴの六つの共和国や、旧ソ連の15の共和国は、その前から「国」であって自治領ではなかったのである。ところがコソヴォはそれまでセルビアの自治州だった。自治州が独立することを認められるのであれば、「自分も独立したい」という動きは世界に広がりかねない。事実、一貫してセルビアを支援してきたロシアは、コソヴォの独立を欧米の多くの国が認めた２００８年に、これまで陰で支援してきた南オセティアとアブハジア（いずれもジョージア内の少数民族自治国）の独立を、公然と承認した。「お前がそうするなら、俺はこうだ」と反射的に動くのは、ロシアの一貫した行動原理である。ウクライナに属していたクリミア半島の、住民投票を経ての併合は、さらにその延長線上に起きた重大事態だった。「コソヴォ独立を認めるのなら、こちらだって認めるべきだ」と開き直るロシアに、どう反論するのか。

裏通りの庶民的なレストランでトルコ風の挽き肉料理をいただき、ユーロで代金を払う。当地はモンテネグロと同じく、経済通貨統合に参加しないままユーロを使っているのだ。21時過ぎに宿に歩いて戻って就寝。明日は早い。

ACT9. 再び大山塊を越えて、アルバニアのティラナに向かう

アルバニア。欧州で最も知られざる国。冷戦時代当初はスターリン、次いで毛沢東を範として、世界に背を向け鎖国政策を取っていた。しかし激しく敵対していたソ連の崩壊後、日本のニュースをにぎわすこともないままに、いつの間にか民主化されたという。そしてその後、どうなっているのか、行って安全なのか、とんと情報がない。

この国の唯一の友邦ともいえるコソヴォからアルバニアの首都ティラナへ、5時間のバス乗車で乗り込んでみる。

地図になかった4車線高速道路で大山塊を越える

思いもかけないコソヴォの首都プリシュティナの繁栄を見た翌朝。今回の旅行でも屈指の

綺麗なホテルを6時前に出て、真横のバスターミナルまで行くと、6時半発のティラナ行きの大型バスはもう満席になっていた。これを逃すと13時半まで便はない。こういうこともあろうかと、昨晩着いたときに窓口で切符を買っていたのだが、何かの間違いだろうか。

バスの運転手に「昨晩買ったのだが」とペラペラの紙に印刷されたチケットを見せると、「えっ?」という反応。ここで負けてはいけないと、ねじ込んでいると、横のミニバスに乗れとのこと。今度こそ大型バスに乗れるかと思っていたが、結局またミニバスとなってしまった。しかもこちらも荷物を載せるスペースもないほど満員で、またまた無理に最後の1席を確保する。発車間際に乗客が外で吸ったたばこの煙が車内に充満するのも、サラエヴォーポドゴリツァの再現だった。

定時に出たバスは、2時間近くコソヴォ盆地を南下した。沿道の町々は、首都よりは貧しそうだが、それでも街頭はにぎわっている。最後の町であるプリズレンを抜けて国境の山岳地帯にかかると、突然に道が片側2車線のハイウェイになった。欧州に二つしかないアルバニア人の国同士を結ぶ道が、これまでたどって来た旧ユーゴのどの主要道よりも整備されていたとは、これまた中東からの援助マネーの威力なのかと推測はするが、やはりびっくりである。

国境には例によって両国のゲートがあり、自家用車が長蛇の列を作っていたが、マケドニアからコソヴォへ抜けたときとは違い、バスは専用ゲートで優先的に通過できた。しかし戻されたパスポートをよく見ると、アルバニアの入国スタンプが押されていないではないか。その結果、翌日ティラナ空港からイスタンブールに向け出国した際には、「何でスタンプがないのか、どう入国したのか」とずいぶんと問い詰められる結果となった。出国管理官に英語があまり通じず、密入国と疑われて往生したのである。かつて「欧州の北朝鮮」と呼ばれた孤立国家の国境管理が、現在そこまで緩んだというのは、軍国日本が戦後に平和国家化したのに匹敵する変化といえるのではないか。

国境を越えると、乾燥した大山岳地帯に突入した。引き続き片側2車線のハイウェイが、雄大なスパイラルを描いて続く。随所に鉄筋コンクリート製の橋もかかっている。こういう投資が仮にトルコの援助だとすれば、東ローマ帝国が軍用道路を建設していた古代の再現ではあるが、その後のトルコの経済危機の影響がどう出ているのか、気がかりではある。

冷戦期のアルバニアの独裁者だったエンヴェル・ホッジャの時代に、国防のために全土に設けられていたというトーチカを探したが、ときどき沿道に現れる集落には、それらしきものはまったく見えなかった。冷戦当時からすでにそうだったと思うのだが、この何もない人口300万人の小国を侵略し支配することにメリットを見いだす勢力は、農地の経済的な意義が劇的に下がってしまった21世紀には存在しない。

ダム湖畔の休憩所はまるでスイスに来たような雰囲気

3時間近く乗って、ようやくトイレ休憩。ダム湖畔のサービスエリアのようなところで、新しいが小さな売店に立ち寄る。ボスニア山中で寄った店とは違って極めて清潔で、景色も含めまるでスイスにでも来たかのようだ。しかし売っているのは西欧から輸入された袋菓子と飲料ばかりで、地場産のものは影も形もない。先進国から援助で入って来たお金が、消費で先進国に戻るという構図そのものである。この循環を繰り返している限り、地場経済の浮揚はないのだが。

山中を行くことさらに1時間、アドリア海沿岸に近づくにつれ緑が濃くなってきた。平野に下りてきてハイウェイは終わった。2車線路をしばらく走るが、小さな町の郊外のようなところで、突然にバスから降りろといわれる。一瞬身構えたが、どうもこのバスはティラナ行きではなかったようで、ここで待っていたティラナ行きの別のミニバスに乗り換えろということだった。これはミニバスネットワークを持っている国では普通に行われていることだと聞くが、筆者は初体験だった。直通に乗れなかった者に対し、親切な計らいではある。

忽然と現れた明るい都会・ティラナ

そこから南下すること40分、バスは忽然と現れた都会・ティラナの中心部に着いた。中心市街地の広がりやにぎわい方を日本の都市でなぞらえれば、岡山市くらいの大きさはある。広島市クラスのベオグラード（セルビア）よりは小さいが兵庫県・姫路市クラスのザグレブ（クロアチア）よりも大きな町だった。

前に「スコピエ（北マケドニア）は鳥取市くらいの大きさ」と書いたが、同じく中国地方周辺で喩《たと》えれば、プリシュティナはちょうど広島県・福山市ほどのサイズだったと思う。それからサラエヴォ（ボスニア・ヘルツェゴヴィナ）は、岐阜県・高山市ほどの大きさの旧市街に、福井市くらいの広さの平たい新市街がくっついた町だった。ちなみに、旧ユーゴの各市と違ってティラナにバスターミナルはなく、会社ごとに違った通りが乗降場になっているらしい。降りるのは簡単だが、言葉のわからない旅行者にとって、この町からバスに乗るのは大変そうだ。

ところで、2番目のバスの車中で隣同士になった若い男は、この旅で初めて出会ったといってもいいほど、英語が堪能だった。降りたところに、手塚治虫の漫画から抜け出てきたように目鼻立ちのはっきりした美人が待っていて、しばし抱き合っている。その彼がさっそく

アルバニア人の美男美女カップルとティラナのオープンカフェで

彼女との時間を過ごすのかと思ったら、筆者に「一緒にお茶しようぜ」と誘うので、オープンカフェで半時間ほど休んで歓談する。アルバニア流のもてなしということか。

こういう話は犯罪目的の場合もあると聞くが、この美男美女カップルの場合はまったくの善意だった。男はコソヴォに、彼女はアルバニアに住んでいるそうだが、英語も話せることだし、揃ってアメリカに移住しようと考えているという。日本の田舎に住む若者が、「もうこんな町は出て、東京に行こうと思う」と語るのを聞くような感じだ。

かつてシアトルやニューヨークに住んだこともあり、過去30年来その全州を旅して米国の実情を知っている当方としては、あの国は彼らが考えるようなパラダイスではないことを説明しようかとも思ったが、やっぱりやめておいた。コソヴォもアルバニアも、旧ユーゴのどこよりも繁栄しているように見えたのではあるが、それでもその中に生きる者が閉塞感を感じているのであれば、そこには筆者には知りようもない事情があるだろう。前述したハンガリーで耳に挟んだ話（アルバニアにはイタリアから来たマフィアが浸透している）のように、小さな国の腐敗に行き詰まりを感じているということがあるのかもしれない。「客人はもてなす」というムスリムの伝統か、結局お茶代までおごってもらって、サヨナラする。

通りの名前とガイドブックの地図を照らし合わせて現在位置を確認し、近くに予約してあったホテルまで歩く。沿道を見るにつけ、20数年前まで北朝鮮の同類だった国が、ここまで変わるものだろうか？　と感慨を禁じ得ない。餓死者もいたという鎖国体制の影はみじんもなく、明るく広い街路にはオープンカフェが並び、南イタリアのような陽気な空気が流れている。

今回アルバニアに入国する際に困ったのは、航空路線が限定されていることだった。アドリア海の対岸のイタリアから飛ぶ便は多いのだが、旧ユーゴから飛んでいる便はほとんどない。陸路も、コソヴォからのバス便以外は見つけることができなかった。だから、いままでも相当に閉じた国なのかと勘違いしていたのだが、こんな感じなのであればレンタカーで来ても問題なかったという印象だ。バスで仲良くなった彼は、「モンテネグロからタクシーを雇って来れば、3000円くらいだ」と言っていた。確かに、ポドゴリツァからティラナは南に160キロ程度で、東京から那須高原まで程度の距離しかない。

ホテルに荷を置き、早朝からのバス移動の疲れを癒やすのも兼ねて2時間ほどメール返信に没頭した後に、何がどうなってこうなっているのか、さらなる探索に乗り出した。この繁栄は額面通りに受け取っていいものなのか。そこに継続性（サスティナビリティー）はあるのか。

ACT10．米国的消費社会化に突っ走るアルバニアの未来は？

15時前から歩き始める。まずは市街の北にあるというティラナ駅に向かう。ガイドブックには、「アルバニアの鉄道は、乗ること自体が冒険」と書かれていたが、行って見ると、なんと駅のあった場所は更地になっていた。鉄道自体はいまでも存続していると聞くが、ティラナ駅は郊外に移ってしまったらしい。ちなみにこの町には市電もないし、市バスも（あるはずなのだが）目に入らない。いまはまだ貧乏で、車が普及していないので渋滞がないが、この調子でうかつに発展すれば、いろいろ都市交通の問題が生じそうである。

宗教色を失い車社会化に邁進する町

そもそもアルバニアのように車を自国で生産していない国は、公共交通網を破壊するほど外貨不足に陥るのだが、鎖国体制から解放されて自由を謳歌する国民には、そんな計算もないのだろう。同じく車の工場のない日本の多くの県が、鉄道を廃止に任せ、道路整備と諸施設の郊外移転に邁進してきた（いまなおしている）ことを思い起こす。

南に引き返し官庁街にさしかかると、スカンデルベグの銅像が立っていた。15世紀、東ローマ帝国を滅ぼす前後のオスマントルコに反旗を翻し、キリスト教に改宗して、アルバニアの一時独立を実現した英雄だ。しかし彼の死後アルバニアは、セルビアやブルガリア同様に、4世紀以上もトルコの支配に屈する。しかもそれら南スラヴ系の国とは違って支配層が徐々にイスラム教に改宗、アルバニア正教徒もいるが国民の7割はムスリム、という国に変貌した。「ムスリムに改宗」と聞くと「後進性ゆえ」と勘違いするかもしれないが、実態は逆だろう。アドリア海に面したアルバニアでは内陸部に比べ商業交易が盛んで、貨幣経済化の浸透とともにムスリム改宗が早く進んだのではないか。

これに対しブルガリア、セルビア、マケドニアでは、トルコ支配下でも正教会中心の農山村共同体がそのまま存続した。正教は農民、イスラムは商人の宗教なのである。だが、そうだとすると海洋通商地域のギリシャはなぜムスリム化しなかったのか。いずれ改めてギリシャに行く際に考えてみたい。

とはいえコソヴォ同様、街を歩いているとおよそまったくムスリム色は感じられない。女性の服装は開放的で建物も色彩豊か、人々の顔は浅黒くて陽気、言葉は違うが外見はイタリア人と同じだ。ここまで宗教色がなくなったのには、イタリア、ついでナチスの支配をはね

ティラナ市街の建物はイタリア風

のけた第二次大戦後に、ソ連とも西欧とも旧ユーゴとも交渉を断って、独自の鎖国独裁体制を敷いたエンヴェル・ホッジャによる、1967年の無神国家宣言の影響もあろう。現在ではモスクも教会も再建されているが、国民の多くはムスリムなり正教徒なりを名乗りながら実際には神を信じてはいない、という調査もあるらしい。七五三は神社、結婚は教会、葬式は寺、という多くの日本人にとっては、わかりやすい心境だろう。

ただしアルバニアとコソヴォの出生率は、欧州では明らかに高い方で、避妊を禁じるイスラム教の影響が感じられる。その結果として若者が多くなり過ぎれば、国外に活路を求めるカップルも出て来る理屈だ。

生産を欠いた消費社会化の先に活路はあるのか？

官庁街の先に、ピラミッドのような形のコンクリート構造物が見えてきた。1985年のホッジャの死後に、彼の女婿の建築家が設計し建てたという、「エンヴェル・ホッジャ記念館」の廃墟である。現在は閉鎖されていて中には入れないが、落書きだらけの外壁をよじ登るのは勝手だ。それにしてもグロテスクな外観である。

記念館のてっぺんは市街地を一望するのには格好の場所だが、手すりも段もないので、下るときには相当に怖い。足を踏み外して転げ落ちる人もいるだろう。かつての独裁者を記念したこの奇怪な建築物を壊しもせず、柵もせず、落書きを禁止することもなくそのまま放置しているところに、「何事もなるべく自由放任がいい」という、いま現在の国民意識を感じた。あるいはすべてにおいて自由になり、管理という観念が欠落しているのか。

ホッジャの死後建てられた記念館

市街南端のティラナ大学のカフェで、地ビールを飲んでしばらく休む。ムスリム色のないムスリム国なので、飲酒はまったく自由のようだ。それから細い路地が格子状になった中心商業地区を歩く。旧ユーゴではどこでも見ることのなかった、実におしゃれで色彩豊かな商店街である。しかし並んでいる商品には、見事に地元色がない。レストランもファーストフードやピザばかりだ。それでは食欲が湧かないので、ガイドブックに1軒だけ載っていたアルバニ

ティラナの商業地区は細い格子状の路地が特徴

ア料理店を探し当て、こってりしたスープのような郷土料理をいただく。
　食後でもまだ日暮れには早かった。引き続き、治安の悪さのまったく感じられない市街をさらにさまよう。
　ルーマニアの独裁者チャウシェスク夫妻が処刑されたのとは違って、ホッジャは東西冷戦終了の前に天寿を全うし、後継者のアリアはソ連崩壊後の１９９０年に一党独裁を放棄した。しかし97年には、市場経済原理に無知な国民の間にはやったねずみ講の破綻で、国全体の経済が回らなくなったという。そんな国の首都が、その後十数年でこんなに自由で明るい場所になっているとは、欧州で唯一イスラム協力機構に加盟するこの国を支援しようとの、中東マネーの威力なのかと繰り返し思いつつも、やっぱり妙な感覚を覚えざるを得ない。
　ホテルのフロントマンは流暢な英語を話したが、彼によれば、市の南の郊外に最新式のモールが開業したので、ぜひ行ってみたらいいということだった。町中心部の広場から無料シャトルバスが出ているという。列ができているので、乗り場はすぐにわかった。車を持っていない庶民がまだまだ大勢いるということだ。バスはすぐ来たので、どやどやと乗り込むごった返す車内に立つこと20分で、ここは西欧か？　と見まがうような施設に着いた。旧ユーゴではまったく見かけなかった欧米の最先端ブランドが並び、駐車場は新興富裕層のものとおぼしき自家用車で満車状態である。とはいえ歩いている客の多くは見物目的のようで、買い物袋を提げた人は少ない。

ちなみに市街の北郊にも同じような規模のモールができていると聞いた。だが車の普及と同じで、欧米ブランドが流行れば流行るほど、援助や何かで入ってきた外貨は国外に還流してしまう。そんな状態を喜んでいる場合では、本当はないはずだが。

翌朝、これまた出来立てという感じのティラナ空港から、トルコ航空機でイスタンブールへと飛んだ。眼下の山岳地帯はいまとなっては欧州の辺境だが、古代ローマ時代には、ここにローマとコンスタンティノープルを最短で結ぶ街道が走っていた。軍人皇帝時代以降は、この地方出身の皇帝も何人も出たのである。

そんな歴史をさておいて、ご意見無用とアメリカ的な消費社会化に突っ走るアルバニア。EUおよびシェンゲン協定にも加盟申請中だという。しかしその根っこを支える産業は存在しない。職にあぶれ、欧州最貧国民として疎外感を抱く若者が増えれば、ムスリム原理主義が浸透し始める可能性もあろう。その未来にはまだ霞がかかっている。

〈コラム　早回りのプランニング方法〉

今回のように多くの国を早回りしようとすれば、順番や経路には無数のパターンがありうる。筆者の場合には、以下のような順番と手法で旅程を決めた。

①欧州往復の飛行機を予約する

日本を夜に出、欧州も夜に出る効率の良い便として、羽田発のフランクフルト行きと、ミュンヘン発の羽田行きを予約した。

②回遊の経路を決める

バルカン半島のバスの時刻表がまとめられているホームページと欧州の鉄道時刻表のホームページを見つけて、効率的な経路を研究した。陸路の公共交通機関は本数が少なく、所要時間は長く、西欧とはまるで状況が違う。レンタカーも各都市にあるのだが、道路事情や治安状況に不安がある。

そこでなるべく飛び道具（＝飛行機）を予約することにした。だが、空港ごとにどこへどの航空会社が何便飛ばしているのかが載っている便利なサイト「フライチーム」を見つけて研究したところ、東欧内部を結ぶ便は、陸路の公共交通機関同様、驚くほど少ないことがわかった。代わりにどの空港からも、西欧の主要都市やモスクワ、イスタンブール、アテネなどへは多くの便が飛んでいる。かつてこの地域を蹂躙《じゅうりん》したハプスブルクのウィーンと、オスマントルコのイスタンブールが、いまでも地域の最大のハブになっていたというのは、皮肉な発見だった。セルビアが孤立していることも、これらに並ぶ拠点になれたはずのベオグラードの潜在力発揮を、大いに妨げているものと思われた。

中国の故事成語に、合従連衡《がっしょうれんこう》がある。戦国時代、強国の秦以外の6国は連合を組んで秦に対抗していたが（合従）、それを各国が秦とそれぞれ同盟する方式（連衡）に変えたところ、順に秦に滅ぼされてしまった。東欧各国も合従をできておらず、西欧の主要国（ドイツやオーストリア、フランス、イギリスなど）やトルコと個別に連衡状態になってしまっているわけだ。これでは域内にビジネス拠点は形成されにくいし、人材はどんどんと出て行くことだろう。

それはともかく、いろいろ図を描いて研究し、なるべく域外大都市に出ないで回れる経路を決めた。

③現地移動の航空券とホテルを予約する

決めた経路はかなりアクロバティックで、とても計画通りに進むとは思えなかったのだが、何か障害が生じた際には現地で考え直すこととして、払い戻しはできないことも覚悟しつつ、航空券を個別に各社のホームページで予約した。いずれもネット予約・支払いに特に問題はなく、値段も1区間1～2万円だった。

最後にホテルだが、バックパッカーだった若い時分には旅先で探すのが当たり前だったところ、いまでは年相応にネット予約を欠かさないことにしている。2001年からたばこにアレルギー反応を示す体質になってしまい、禁煙ルームの確保が至上命題だからだ。朝食込み・Wi－Fi完備で1泊1万円前後のクラスを順に押さえた。

以上、2014年のこの旅行で開発したノウハウは、その後の中南米や中東、アフリカ旅行などでも踏襲して使い続けている。

第4章

極小の公国から見える欧州の本質

大陸欧州には、東アジアにはありえないような極小の国々が存在する。ルクセンブルク大公国、リヒテンシュタイン公国、サンマリノ共和国、モナコ公国、アンドラ公国、それに教皇領のヴァティカン市国。面積は、ルクセンブルクが日本の小さな県程度で、他は市町村並みか自治会並みだ。

筆者のような地理ファンには、それらの存在自体がまず面白い。面白いが、不思議だ。教皇の権威に守られたヴァティカンは別格としても、その他の国々はなぜ、これまでの歴史のどこかで近隣の列強国に併合されなかったのか。いや、ヴァティカンにしても不思議である。正教の大本山ともいえるコンスタンティノープル総主教庁（トルコのイスタンブールに所在）が国を名乗ったことは、東ローマ帝国時代から一度もないのに、なぜカトリックの本山は国を名乗るのか。

そもそも、歴史には登場するがいまは消えてしまった国なら欧州には無数にある。たとえばドイツ帝国は、19世紀後半に20以上の王国・大公国・公国・侯国と三つの自由都市が合体したものだったが、第一次大戦の敗戦に伴うドイツ革命で、それらは一気に解体されてしまった。その中でも有名なのが、南部のミュンヘンを首都としていたバイエルン王国だろう。その国王ルートヴィッヒ2世が遺したノイシュヴァンシュタイン城は、ドイツ屈指の観光名所だが、こんな派手な城を建造できるだけの権力があっても、現代まで存続することはできなかった。イタリアも、ドイツと前後して六つの王国・大公国・公国が統合して成立した国である。フランスの成立過程でも、多くの国々が統合されていった。

上記の極小国たちが、そうした統合を免れた小さな封建領土の生き残りであることは、何となく見当がつく。ヴァティカンにしても、西ローマ帝国の崩壊後1400年間もイタリア半島が小国分立となった中で、教会も領土を持つ世俗領主になったというのが、現在に至る理由だろう。日本でも大和国（現在の奈良県）のかなりの部分は、中世までは興福寺領だった。武士ではなく僧侶（トップは代々藤原氏出身）の封土だったのである。それに対してコンスタンティノープルの場合には、東ローマ帝国が15世紀まで驚異の存続をしたうえ、それを滅ぼしたムスリム国家・オスマントルコの中で宗教的自治を許された存在となったため、世俗領主化の機会はなかった。

だがそれにしても、欧州の諸大国といえば、20世紀前半までの帝国主義の時期に、世界中を侵略し植民地化して回った連中だ。どうして足元の分派活動を先に収めようとしなかったのだろう。大きなピンチは、19世紀冒頭のナポレオン戦争と、20世紀前半のファシズムの席巻だったはずだ。特に後者の中心ナチスドイツは、大陸欧州を当たるを幸い侵略した勢力であり、多くの国々が一度は呑み込まれて戦後に再独立を果たしたのだが、その際に各地で大幅な国境の変更も起きている。上記の極小国の場合には、その激動の中での消滅をいかに逃れたのだろうか。

　以上は昔から不思議だったのだが、最近になって新たに湧いた疑問もある。この民主主義、グローバル資本主義の21世紀に、公国という中世由来の存在を、政治的、経済的に支えているものは何か、ということだ。市町村レベルの大きさの存在が、世襲君主を抱えた国であり続けるのは難しい。人口が少なく、産業力も乏しいのに、外交費用や君主一族の生活費などは余計にかかる。素行不良、人望不足の者などが当主となれば、君主制の存続にも異議が出るだろう。しかし君主を失うことは、周辺大国の一部になってしまう道でもありそうだ。そのあたりのバランスはどうなっているのか。

　いまを去ること31年前、大学の卒業旅行で欧州にシベリア鉄道で出かけた筆者は、上記の各国のうちアンドラ公国以外を、興味本位で訪れてみた。特に珍妙だったのは、イタリアのアドリア海沿岸の街リミニからバスで山を登って行った先にあるサンマリノ共和国だったが、残念ながらその後再訪できていないので、その最新状況は報告できない。スイスとオーストリアの間にあるリヒテンシュタイン公国にも、再訪を果たせないでいる。学生当時の見聞だけでは、多くは語れない。

　しかし、ルクセンブルク大公国、モナコ公国、そして未訪問だったアンドラ公国には、過去数年の間に再訪ないし初訪問を果たすことができた。以下は、その際の短い時間での観察と思考の記録である。辺境で得た断片的な情報だが、しかしその辺境性、断片性ゆえに、そこに欧州というものの本質が顔をのぞかせているのではないだろうか。

ACT1．〝世界一の富裕国〟ルクセンブルクの、地味さに満ちた首都

欧州の各国の中でも、数字で見る限り特に経済的な成功の目覚ましいのが、一人当たりGDP（国内総生産）が日本の2・6倍の10万ドル超（2016年）と世界一の、ルクセンブルク大公国だ。世界一ということは、もちろん欧州一でもあるわけだ。だが、それだけ栄えているはずのこの国へ仕事で行ったという日本人にはめったに会わない。実態を見ようと、ベルギーのブリュッセルからチェコのプラハに移動する途中に、首都のルクセンブルク市に立ち寄ってみた。

独仏の国境に残った多言語国家

2017年5月。ブリュッセルを早朝に出た列車は、ゆるやかな丘陵地帯を走ること3時間半で、230キロ離れたルクセンブルク駅に着いた。これは東京－松本間と同距離だが、

ルクセンブルク駅に着いた特急

山間の隘路《あいろ》を走る中央本線の特急が最速2時間半なのに比べても、かなり遅めである。ちなみにブリュッセルからロンドンに向かう特急ユーロスターは、370キロ超の道のりを2時間で走るのだが、ルクセンブルクという隣国の首都に行くのと、ロンドンというEUを出ようとする国の首都に行くのと、ずいぶんとインフラのレベルが違うものだ（ブリュッセル—ロンドン間は東京—名古屋とほぼ同距離なので、ユーロスターのスピードも、同区間を1時間40分で走るのぞみに比べ少々見劣りする）。

車両はハイセンスなデザインだったが、2階建ての自由席で通勤電車を兼ねており、最後まで乗っていた客も少なかった。ベルギーもルクセンブルクも欧州連合（EU、旧EC）の創設メンバーの隣国同士なのだが、首都間の交流はさほど多くないようだ。あるいは急ぎのビジネスマンは車を飛ばすのかもしれないが、それでも2時間半はかかる。

ルクセンブルク。フランス語ではリュクサンブール。パリの中心部には、リュクサンブールを冠する宮殿、公園、駅まである。だが西欧をネットする高速特急網からこの国は外れている。当駅を主に利用するのは、フランスやドイツ、ベルギー（フランス語圏）からルクセンブルクの首都ルクセンブルク市に通勤してくる人のようだ。

　とはいえ駅は清潔、清楚《せいそ》で、ホーム屋根に木材を使っているのも好もしい。欧米では不備なことが多い荷物預かりサービスも、わかりやすいところにあった。係員は当方の英語には流暢な英語で答えるし、フランス語にはフランス語で、ドイツ語にはドイツ語で対応している。国民が家庭内で話すのは、ドイツ語の方言の「ルクセンブルク語」だそうだが、学校教育はドイツ語がメインで、国内の公文書はフランス語だという。

3カ国に囲まれたルクセンブルク

　そのような環境に住んでいると、自ずと言語能力が発達するらしい。後日筆者が、南米エクアドルの首都・キトで会ったルクセンブルク人は、上記4カ国語のほか、スペイン語とポルトガル語をマスターしており、本国とブラジルとの間でのポルトガル語の違いだの、スペイン語がラテンアメリカ各地でどのように方言化しているのかだのを、極めて綺麗な英語で解説してくれた。キトが、スペイン本国からは遠く離れていながら、最も綺麗な発音のスペイン語が話されている町として有名なのは、筆者も聞いたことがあったのだが、逆に最も発音の汚いスペイン語が話されているのは彼によればバルセロナを含むカタルーニャだという。カタルーニャ語は、スペイン語よりはむしろフランス語に近い別言語なので、それを母語とするカタルーニャ人がスペイン語を話すと訛《なま》る、ということらしい。カタルーニャ人にしてみれば、「だからスペイン語はやめて、カタルーニャ語に統一させてよ」ということなのかもしれないが。

その国民もしかし、ルクセンブルク国内居住者の半分強に過ぎない。45%は外国籍住民(ちょうどシンガポールにおけるのと類似の比率)で、一番多いのは出稼ぎのポルトガル人だそうだ。だが街頭ですれ違うのは彼らを含めた白人ばかりで、欧州の大国では普通に見かけるアジア系、中近東系、アフリカ系はほぼ見かけない。仏独英といった多言語を操ることへのハードルが、大陸欧州出身でない限りなかなか高いからだろうか。

隣接するドイツかフランスか、どちらかに属していれば、そちらの言語が支配的になったのだろう。だがどちらでもないオーストリアに長らく支配されていた歴史もあり、オーストリアの撤退後も独仏の緩衝地として、世界唯一の「大公国」として残った。その結果が、現在のきわめてユニヴァーサルなお国柄である。同様の多言語国として、もっと大きいスイスという先輩もいるが、くしくも両国が一人当たりＧＤＰ世界1位、2位で並んでいる。

金融センターなのにスノッブ感ゼロ

この町に滞在できる時間は2時間半だ。いくら、面積２５８６平方キロ（佐賀県よりやや広い）・人口58万人（佐賀県より少なく、日本最少の鳥取県並）という極小の国の、小さな首都（人口10万人）だからといって、その時間では到底全貌をつかめるわけもなかったが、とにかく感性を研ぎ澄ませて歩き回る。こういうときに特に重要なのは、何が「あるか」よりも、普通ならあるはずの何が「ないか」を探す観察力だ。

ひと気のない駅前のリベルテ通り

駅前から北に、リベルテ通り－アドルフ橋－ロワイヤル通りと、金融機関のオフィスの並ぶ一帯を歩いてみる。かつて鉄鋼業で知られたこの国は、いまではロンドン、チューリヒ、フランクフルトに並ぶ欧州の金融センターなのだ。「欧州投資銀行」や「欧州会計検査院」といったＥＵ系の機関も置かれるが、主力は世界の富裕層相手の「プライベートバンキング」らしい。伝統的に産業への規制の厳しい大陸欧州にあって、小国として諸規制を柔軟に緩和、運用できることが、特にアフリカを含むフランス語圏からの資金流入を生んでいるようだ。当然怪しい相手も多いようで、北朝鮮の金正恩朝鮮労働党委員長一族の資産の大半が預けられているという噂も聞く。

　金融は、給与水準は高いけれども、さほど多くの雇用を生む産業ではない。当地でも関連含めこの産業への就業者は７万人に過ぎない。だが総人口も少ないので、それでも国内雇用の５人に１人となっている。小国が金融に特化したという事情が、一人当たりＧＤＰ世界一という数字の背後にあるわけだ。

金融街のロワイヤル通り

　ところで普通の小国であれば、もちろん市場が小さすぎて金融に特化できるわけもない。ＥＵの経済統合で巨大な市場で競争できるにもかかわらず、ルクセンブルクには国としての独自の規制緩和が許されている、という何とも欧州的な事情が、この国の特殊な豊かさを支えている。だがそうした環境を形成したのも、１９５８年にＥＥＣ（欧州経済共同体）に加わり、それをＥＣ（欧州共同体）、ＥＵ（欧州連合）へと発展させて行ったルクセンブルク自身だ。極小国を支えるのは、統合市場、独自の産業政策、そして長期的な戦略ビジョンであるとわかる。いや、大国も同じか。日本を振り返って考えてみれば、長期的な戦略ビジョンはあるのだろうか。

しかし実際に来てみれば、成金やスノッブ（鼻持ちならない態度の人）が闊歩《かっぽ》しているどころか、そもそもあまり人の気配がない。金融センターとして栄えているはずが、オフィスの空床も結構目立つ。街路を走っているのは自家用車よりも主にバスで、世界一金持ちの国というこどなのにキンキラな高級車は見かけない。ちなみにバス停には発着予定時刻が明示されていて、しかも運行は正確なようだ。

見かけないといえば、世界の国々の金持ち地区には必ずあるような、ショーウィンドウきらきらのブランドショップも見かけない。そしてもう一つ顕著な特徴として、シンガポールだのドバイだのといった成金系小規模国家では当たり前に林立しているハイライズ（日本でいうタワーマンション）が皆無だし、金融機関の高層オフィスも皆無だ。街並みのスカイライン（建物の高さ）は、パリの都心部のように、綺麗に中層で統一されている。欧州の他の都市では当たり前のホームレスやグラフィティ（壁にスプレーで殴り書きされた字や絵）も、あまり目に入らなかった。

さほどお金持ちにも見えなければ楽しそうでもないが、落ち着いて小綺麗で、言い換えれば地味で刺激のない街である。国自体は国外富裕層相手の金融で食べているものの、地元民同士の間では貧富の差が見えないように相当に気を使っているのではないか。それが現地入り30分で推察された、ルクセンブルクの姿だった。

ACT2. 〝格差最小国家〟ルクセンブルクの真価

欧州の主要な金融センターでありながら、都心には高層オフィスも高層マンションもなく、高級車が多数走っているわけでもなく、成金やスノッブらしき姿も見かけないルクセンブルク市。欧州各地で問題となっている格差拡大や、移民と地元民の軋轢《あつれき》といったものは、居住者の45%が外国人というこの小国には存在しないのだろうか。

世界遺産なのに楽しさの演出のヘタな旧市街

いまは国際金融拠点となっているルクセンブルク。だが、もともとは屈曲するアルゼット川の峡谷に周囲を囲まれた、断崖上の城塞《じょうさい》都市である。オーストリア帝国が当地を、英仏の間に打ち込んだ楔《くさび》として保持していた時代に形成された、旧市街地と要塞群は世界遺産だ。

31年前、大学の卒業旅行の世界一周の途中にユースホステルに1泊して、いろんな国の若者と一緒に歩いて回ったこともあるが、いったいどこを歩いたのか、いまでは定かな記憶がない。

　金融街であるリベルテ通りとロワイヤル通りの間には、アドルフ橋が架かっているのだが、そこから北東方向には、断崖絶壁の上の旧市街が展望できる。そこの探訪は後に回してロワイヤル通りを北の突き当りまで歩き、旧市街の西と北を囲む公園に出た。その東端にあった屋外エレベーターで断崖の下の低地（グルントと呼ばれる静かな住宅街）に降りる。エレベーターの崖上の乗り場には足元がガラスになった展望台もついていて、観光名所になりそうなものだが、どうも使っているのは地元住民だけのようだった。

アドルフ橋から見た断崖上の旧市街

　川沿いは緑が多いが、日本に比べれば水量は少なく、水質もあまり良さそうではない。これは欧州の降水量が日本より少なく、火山国である日本に比べれば河道《かどう》の傾斜も緩いことに起因している。日本では、国土の3分の2を占める森林の腐葉土を浸透する過程で濾過《ろか》された大量の水が、急傾斜の河道を一気に下るので、人間が排水を流していない場所では川底まで透き通った清流が普通に見られる。だが雨量が少なく傾斜も緩く、森林率も日本よりずっと低い欧州では、川がゆったりと流れるので河川交通が発達したものの、澄んで底が見えるような流れは存在しない。日本でも大きな川の下流で傾斜がない部分では、川底は見えないのと同じだ。

ちなみに森林率の高い北欧まで行けば汚染はないのだが、緯度が高すぎて気温が低く、木質が分解されきらずにタンニンが川に溶け込むので、水は澄んでいても茶色い。日本でも北海道の北端まで行けば同じ現象が見られる。逆に南に行きすぎると、今度は気温が高すぎて腐葉土が完全に分解されてしまい、降水は十分に濾過されないまま土を溶かした茶色になって流れて行く。日本でも沖縄はそういう気候である。だから筆者は、日本国内で大小の清流を見るたびに、緯度と気候と地形と植生のバランスのありがたさを思って、眺めいってしまうのだ。

それはともかく川沿いを旧市街の方に戻ろうとした筆者は、余りの屈曲の激しさにやがて方向感覚を失ってしまい、現在位置を確かめる必要もあって再び城壁の上に出ることとした。適当に見当をつけて小道をよじ登って行ったら、ちょうど旧市街の真ん中の、聖堂前のギヨーム広場に出た。ここに来て初めて大勢の観光客と出会う。中国人団体もいた。迷いやすい地形と街路設計なので、ガイド付きのグループが多いようだ。

広場そのものは石畳なのだが、そこが観光客向けの屋台で埋め尽くされていた。いわゆる「マルシエ」だが、見通しがまったく利かなくなるまで店を詰め込んだレイアウトで、ゆとりある楽しげな空気を形成できていない。考えてみればこの広場だけでなくどうも、町全体がそんな感じだ。建物は綺麗なのだが、「楽しく消費しましょう」という場や雰囲気づくりの工夫が、いささか欠けてしまっているように思える。そういえばこの町ではホテルも、フランスやイタリア、あるいはスイスの旧市街によくあるような観光用のものは目立たず、駅前などにビジネス向けのものが集中していたように思う。観光客ではない一般市民は、世界一富裕だという人たちなのだが、どこで消費生活を楽しんでいるのだろうか?

断崖上に築かれた旧市街と川沿いの住宅街

時間がなくなったので駅に戻り、きっちり10分おきに出る空港行きの市バスに乗った。これからミュンヘン経由でプラハへ、小型機を乗り継がねばならない。

先ほど歩いた金融街を抜け、世界遺産の景観にどうもそぐわない近代的なデザインのシャルロット橋を北東に渡った先に、その名もJFK通りという大通りが延び、米国然とした無機質なデザインのビルが並んでいた。手前がEU関連機関の集中する地区、次いで金融機関の新しいオフィスが集中する地区だ。まるで米国の新興都市のような景観である。

バスの中でパソコンを開いて驚いたのだが、ルクセンブルク市街ではどこでも無料の公衆Wi-Fiが使えるのだった。データ通信を道路や街灯と同じく無料の都市インフラとして、広域で万人に提供しているのである。これから世界各地で類似事例は増えるのだろうか？　とはいえバスの中でセカセカとキーボードをたたいているのは筆者だけだったが。

JFK通り沿いの近代的ビル

でも正直、このアメリカンな景観はつまらない。沿道には飲食店も物販店もなく、そういう機能はそれぞれのビルの中に抱え込まれている様子で、このあたりに勤めていても一向に面白くなさそうだ。

そもそも金融業では、人材は世界を流動している。彼らの間で人気なのはやはり、あらゆるジャンルの飲食や物販機能を備え、川沿いのご機嫌なオープンカフェ群に、海沿いの公園もある、シンガポールの金融街だろう。夜景が綺麗で中華料理が最高の香港、味はともかくスノッブな連中の闊歩するニューヨークやロンドンのアーバンな雰囲気も捨てがたい。それらに比べれば実につまらなかった東京の大手町や丸の内ですら、最近は屋外のカフェも増え、なかなか刺激的になってきているというのに、ルクセンブルクはこんなままでいいのか。

滑走路1本だけのルクセンブルク・フィンデル国際空港は、日本でいえば旭川空港くらいの大きさで、これまた面白くはないが、あくまでも小綺麗だった。だが就航都市数も便数も少なく、そのくせ航空運賃はひどく高い。貨物に関しては、大陸欧州の中心にある位置を活かしてハブになっているらしいが、旅客分野でもここをハブにしたＬＣＣ（格安航空会社）など出てこないものだろうか。

独立に向けた苦闘の歴史が防ぐ、格差の拡大

以上、駆け足で回ったルクセンブルクは、小国の利を最大限にまで追求した国だった。ポルトガル人労働者もいるが、運転手や清掃員や建設関係や店員も、多くは多言語を話せる地元民（近隣国住民を含む）が担っているようだ。そのため、欧州の他国で発生している、階級格差が国籍と絡むという厄介な事態が生じにくい。

小さな政府（少ない規制、低税率）の下で国際金融を振興しているが、小国なので他産業の

人件費も金融業に引っ張られて高水準となる。つまり、自国民の中流層の減少を防ぐことができている。同じように一人当たりＧＤＰが高い国でも、中東の産油国などとは違い、ジニ係数などの数字で見ても格差が少ない。ブレグジット（ＥＵ脱退）を決めた英国では、外資系工場の撤退の動きが話題になっているが、ルクセンブルクの人件費水準は高すぎ、労働力は少なすぎて、そもそも外資系工場は進出してこない。国の成り立ちが、逆に進出してくる産業の洗練を生み、競争力をさらに高める結果となっているのだ。

このようなことを実現できている背景には、何度も書いたように多言語の素養がある人間でなければ働けないこともあるだろうし、小国すぎて植民地を持てなかったことから、ブリュッセルやパリで目立つアフリカ系や中近東系の住民が流れ込まない結果となっていることもあろう。だからこそムスリムとの宗教的な軋轢《あつれき》があるという話もあまり聞かない。しかし、それよりも何よりも、１０００年以上前から伯爵領→公爵領→大公領と続いてきた歴史を共有しているという、国民的な一体感が、この国にはあるのではないか。以下少々長くなるが、この国の歴史をなるべく要約して記す。

10世紀にこの要害の地に拠ったルクセンブルク伯爵家は、栄枯盛衰ありながら次第に台頭し、14世紀初頭には神聖ローマ皇帝を出すに至る。しかし神聖ローマ皇帝は当時、ボヘミア（現チェコ）のプラハに宮廷を構えていた。都に住んだ室町大名が公家化したのと同じように、その孫の代になると皇帝の当地への愛着は薄くなり、ルクセンブルクは公爵領に格上げされたものの、抵当に入れられて売りに出されてしまう。独仏の間で独自の地歩を固めようとしていたブルゴーニュ公が、その権利を15世紀半ばに購入したが、同世紀末にそのまた孫の代で男系が絶え、当地の領有権は現在のオランダやベルギーともども、遺された娘と結婚したハプスブルク家に移る。

16〜17世紀には、当地はハプスブルク家が王位を持つスペイン領だったが、ドイツの三十年戦争や、フランスのルイ14世の侵攻で争奪の対象となる。その間にプロテスタントの多いオランダは、80年もの闘争を繰り広げてスペインから独立を遂げたが、カトリックの多いベルギーとルクセンブルクはスペイン領で残った。

18世紀初頭にスペインのハプスブルク家は断絶したが、当地の領有権はオーストリアのハプスブルク家に移る。世界遺産になっている旧市街の城塞は、この時代にハプスブルク家が構築したものである。フランス革命後にフランスに占領されるが、ナポレオン没落後のウィーン体制下では、列強諸国の綱引きの結果、大公領に格上げされつつも、緩衝地帯として設けられたネーデルラント連合王国の一部となった。同時に、かつて神聖ローマ皇帝も出した地域であるルクセンブルク大公領だけは（オランダ国王が大公を兼ねていたが）、ドイツ連邦にも加盟したのである。

ネーデルラント連合王国はいまでいうベネルクス三国の先駆けだったわけだが、プロテスタントの多いオランダとカトリックの多いベルギーは相いれず、ほどなく南北に分裂する。ルクセンブルクはベルギーに組み込まれた形となったが、結局1839年に、西半分をベルギーに割譲し、東半分が（オランダ国王が大公を兼ねる）大公国として独立することになった。

スペイン、オーストリア、フランス、オランダ、ベルギーの統治を経て、ついに独立したルクセンブルク。しかしドイツ連邦の一員ではあったわけで、独立の30年後のドイツ帝国成立時には、今度はそちらに組み込まれかかった。

欧州らしい旧市街の景色

だが「フランス化したドイツ」ともいえる当地の国民感情はドイツよりもフランスに向いており、ドイツの強大化に歯止めをかけたい英国やロシアが干渉、結局、緩衝地帯として永世中立国とされたのである。ここがフランスとドイツに挟まれた天険の要害であるがゆえに、ここを領する公爵家が廃されることなく、また独仏のどちらかに完全に組み込まれることもなく、緩衝地帯として残される。その繰り返しが、ここまでの歴史であった。

折しもオランダ王の男系が途絶えたことで、大公位はドイツの貴族が継いだのだが、彼はプロイセンに負けて元の領地を失っており、ルクセンブルクに居を定めてフランス語も勉強した。14世紀以来500年ぶりに、領主が地元に居住するようになったのである。同じくドイツ貴族を国王とした英国（いまのウィンザー朝）で「国王は君臨すれども統治せず」の原則が確立し民主化が進んだように、当地でも以降は、左右入り乱れての民主的な政権交代が定着していく。

両大戦では、中立国であったにもかかわらずドイツの侵攻を受ける。第一次大戦では占領されただけで政府組織は残されたが、第二次大戦時にはナチスがこの国そのものを一時解体した。亡命政府とレジスタンスによるナチスへの抵抗経験が、この帰属の不確かだった場所の国民意識をかつてなく高める結果となる。そして戦後は、現在のEUにつながる欧州統合の流れを自ら創り出すことで、近隣国からの侵攻の繰り返しという歴史に、ついに終止符を打つ。

以上の歴史を理解すれば、以下も理解されるだろう。欧州の他の国の都市が独立するなり自治権を持つなりしても、ルクセンブルクと同じ路線を追求するのは難しいだろうと。独立に向かって歩んできたこのような長い歴史がない都市は、ルクセンブルクのような共同体としての一体感を持ちえないからだ。それなきまま金融を主産業としたなら、歯止めなき所得格差の拡大が起き、国内経済の実権を外国人が握るというような事態に進んで行くこともありえただろう。

ルクセンブルクの真の実力は、表で言われるような一人当たりGDPの高さにあるのではない。その数字が示唆するような華やかさも、ゴージャスさも、この国にはまったくない。だが日本でもかつて機能していた「小さな政府の下での、経済メカニズムによる効率的な所得再分配」が、国際化を極めながらもこの国にはまだ残っている。

ゆっくりと、驚嘆の思いがこみ上げてきた。

ACT3. アンドラ公国 ピレネー山脈の急峻な谷間に出現したコンクリートジャングル

スペイン北東部のカタルーニャ地方(バルセロナ周辺)で話されるカタルーニャ語は、スペイン語よりもむしろフランス語に近い独自の言語だ。以前話題になった同地の独立運動の成否は、スペイン語しか話さない住民も多いのでなかなか難しいだろうが、カタルーニャ語が国語の独立国は既に別途存在している。スペインとフランスの国境地帯にあるアンドラ公国だ。ピレネー山脈の峡谷の奥深く、人口8万人弱の極小国の実態とは。

雪のピレネー山脈をバスで越える

2015年3月。バルセロナとマドリードでの講演というめったにない機会があり、筆者は小躍りした。工夫すればついでにアンドラに寄れるかもしれない。調べてみると同国へは、バルセロナ空港と、南フランスのトゥールーズ空港から、それぞれ所要3時間ほどのバスが出ていた。それではと、日本からフランクフルト乗り換えでトゥールーズに飛び、バスを乗り継いで、アンドラ経由でバルセロナへと抜けることにする。

フランスとスペインの境にあるアンドラ

トゥールーズは、フランスの南西部、ピレネー山脈北麓《ほくろく》の平原にある工業都市だ。エアバス社が本社を置いている。都市圏人口90万人台と、日本でいえば静岡や浜松、熊本、宇都宮、岐阜などと同規模だ。

空港に降りると、東方の市街地に向かうLRTの駅が開業間近の状態ででき上がっていたが、今回はそっちを探訪する時間はない。アンドラ行きのバス停が見つかるか不安だったが、案内所に聞いたら出口の真ん前だった。時刻通りにやってきた都心始発の小綺麗な大型バスに乗る。乗車率は5割といったところか。バスは日本の普通の国道と同じ造りの2車線路を南へ快走しつつ、次第に山地に分け入っていく。

東西に延びるピレネー山脈は、フランスとスペインの国境だ。3000メートル以上の高峰が連なり、南北に無数の深い峡谷が刻まれている。下界は地中海性の温暖な気候なのだが、上るにつれて道の両側は雪となった。走り出して2時間、標高2000メートルを超えたところでバスは右折し、アンドラに抜ける峠道に入る。ほどなくして、フランスとアンドラの国境管理のゲートをくぐる。だが、バスはちょっと停車しただけで、パスポートチェックはない。

アンドラ最東端のスキーリゾート地

そしてその先に、大きなスキーリゾートが現れた。とはいえゴンドラは見当たらず、旧式のリフトが多数稼働している。ここがエル・パス・デ・ラ・カサ（家のある峠）という、アンドラ国最東端の村だ。標高は富士山五合目の車道終点より少し高い2400メートル程度。

ゲレンデの上の方は3000メートル以上あるが、この年は暖冬で雪の状態はあまりよろしくなく、客の数は少なめだった。ちなみに日本のスキー場の場合、一番標高の高い志賀高原の横手山でも2300メートルくらいであり、アンドラで滑れば、慣れていない人は空気が薄くて息が切れるだろう。

さてここで最初の停車をして乗客を少々降ろし、今度は少し戻って長さ3キロほどの近代的なトンネルに入る。ピレネーの主脈の下を、スペイン側に抜けるのだ。抜けると今度は長い下り坂が始まる。スペイン側にもいくつかのスキー場があるが、北斜面だったフランス側以上に雪は少なめだ。スペイン側はさらに乾燥しているのだろう、木のない岩山も目立つ。

首都アンドラ・ラ・ヴェリャ

半時間ほどで標高1000メートル少々（日本でいえば軽井沢と同じくらい）の、アンドラ・ラ・ヴェリャの町まで降りて来た。「古きアンドラ」という意味の人口2万人のこの谷間の小都会が、この国の首都となっている。アンドラの面積は横浜市より少し広い程度だが、ほとんどが険しい山地で、建物は谷底や斜面にへばりついている。

昔の面影を求めて、ビル街をさまよう

アンドラ・ラ・ヴェリャのバスターミナルは、町を南に抜けた先、観光客向けの大きな駐車場の一角にあった。いまフランスから下って来たのとは反対に、多くの観光客はバルセロナ方面から上って来るわけで、彼らがここに車を止めて観光する、というような町の構造になっているわけだ。

周囲は何というか、「最近できたリゾートホテル街」という景色で、「欧州の深き谷間に隠された小国」というようなメルヘンチックな感じはまったくない。「古きアンドラ」というこの街の名前にふさわしい何かがどこかに残っていないかと、市街地を北に向かって歩いて行く。

巨大な駐車場越しに見る、ホテルとアパートで埋め尽くされた町並み

アンドラ・ラ・ヴェリャがなぜ観光ホテル街になってしまっているのか、この国への出入国方式と合わせて解説しておこう。アンドラはEU（欧州連合）非加盟だ。これまで何度か出て来たシェンゲン協定（このおかげで、バルト三国北端のエストニアから大西洋岸のポル

トガルまで自由に移動できる）にも加わっていない。だが、ＥＵとシェンゲン協定に加盟しユーロを通貨とするフランスとスペインに挟まれているために、実際には出入り自由だし、通貨もユーロを使っている。ちなみにＥＵ非加盟なのにユーロを使っている仲間には、モナコや、旧ユーゴのコソヴォ、モンテネグロなどもある。それなのに敢えてＥＵに加盟していないのは、ＥＵの共通規制に縛られない免税制度を整備し、いわば「国ごと免税品店」となることで食べているからだ。

他方でシェンゲン協定に加盟していないのは、アンドラがフランス人やスペイン人の入国を管理したいからではなく（アンドラとしては、来られるだけ泊まりがけで買い物に来てほしいだろう）、スペインやフランスがアンドラ帰りの自国民に対して国境管理を行い、大量の免税品を買い込んだ者に税金を課すためである。アンドラにシェンゲン協定に入られてしまうと、国境の検問を廃止せねばならず、免税品を買い放題とされてしまうのだ。ということでいまアンドラに入国する際には何のチェックもなかったのだが、出国する際には自家用車はトランクなどの荷物を検査されることになる。

アンドラとしては、そうしたフランス、スペイン両国の事情に配慮しつつ、ＥＵに入っていないのに勝手にユーロは使い、でも国境管理は残しと、どっちつかずの態度で利を得ているのである。

見かけは完全にホテル＆観光土産物街になってしまっているとはいえ、アンドラ・ラ・ヴェリャは深く刻まれた谷間の中の街なので、中心には渓流が流れている。その渓流沿いに上って行きながら、筆者はだんだん悲しくなってきた。土木国家・日本でもめったに見ないくらい完璧に、両岸がコンクリートで固められ、自然の風情も何もなくなっているのだ。突発的な大水に備えるということなのだろうが、これでは山間のリゾート地に来たという気分は高まらない。

二つの流れが合流する地点が、高架道路の下の暗渠《あんきょ》のようになっていたのを見て、悲しみはさらに心配へと変わる。

コンクリートジャングルのような市街

アンドラ人は、自身の国土の魅力がどこにあるか、どうもよくわかっていないのではないか？

どのような経緯でこのような奇妙な国が出現したのか。第二次大戦中や、スペインのフランコ独裁時代は、この国の地位はどうなっていたのか。そして何よりも、アンドラ国民はこれからどうなっていきたいのだろうか。さまざまな疑問が、筆者の脳裏を駆け巡っていた。

ACT4．無国籍化したリゾート・アンドラ公国は、欧州の未来の先取りか？

南フランスのトゥールーズからバスで3時間。雪のピレネー山脈を越えて着いたアンドラは、「国中がスキーリゾート&免税品店街」のような状況だった。人口2万人の首都アンドラ・ラ・ヴェエリャが、小さなコンクリートジャングルと化していることに悲しみを覚えつつ、短い乗り換え時間の間に本来のアンドラの姿を探す。

町外れにあった小さな「アンドラらしさ」

この日は、2015年3月2日だった。標高1000メートルを超えるアンドラ・ラ・ヴェエリャは薄曇りだったが、この年は暖冬で、昼下がりのまちかどの温度計はなんとセ氏21度を表示している。そのせいでもあるまいが、あるいは月曜日だからだろうか、町を歩く観光客は少なめだ。

同じ欧州でも、ツェルマットのようなスイスの山岳リゾートであれば、家々はベランダに花を飾り、州の旗や村の旗が各所に色とりどりに掲げられ、店が扱うのは時計やアーミーナ

建物のスカイラインが揃っているのは綺麗だが
空き店舗も目立つ

イフ、畜産加工品などスイス製品が中心だ。レストランは今更ながらチーズフォンデュを出すし、一歩まちなかを出れば牧草地にはヤギがいる。要するにどこを取ってもスイスらしい。

これに対してアンドラ・ラ・ヴェリャは、無国籍感を漂わせるコンクリート建築物が密集した町だった。売っているのも家電製品などが中心で、レストランの看板にも郷土料理の表示がない。ピザやパスタやハンバーガーばかりというのは、アメリカ人、あるいはゲルマン系諸国の住民にとってはＯＫなのかもしれないが、ラテン系諸国の住民が本当にそれで満足するのだろうか。「アンドラらしさ」の演出が弱すぎる現状を見て、国々町々が地元らしさを競い合う欧州の観光界で、高収益の市場を確保するのは難しいのではないかと、心配になってきた。

実際問題、空き店舗も目立つ。アパート（日本でいうリゾートマンション）も林立していたが、多くには生活感が感じられず、空き部屋が少なくないのではないかと思えた。２００８年のリーマン・ショック前の過剰投資が重荷となっているようだ。

だが、高度成長期の日本に生を受け、バブル真っ盛りのリゾート法の狂乱期に地域活性化の仕事を始めた筆者にはよくわかる。これは、「山のかなたのド僻地・アンドラ」という、フランスだのスペインだの偉そうな下界の連中からの見方をはね返したいと願った、コンプレックスは強く見聞は狭くセンスの良くない地元高齢者が、バブルマネーを得、彼らの思いのままに都会化を目指した末の、残念な結果なのだろうということを。

とはいえ首都のまちなかを離れれば、山間各所にロマネスク様式の教会が数多く残り、ハイキングコースもいろいろ整備されているようだ。翌日はバルセロナで仕事ということで、それらを探訪する時間もなく去らねばならなかったのは心残りだったが、町外れの一角にわずかに残った牧草地で数頭の羊の親子を見つけたときには、本来のアンドラの姿が目の前によみがえった気がした。

アンドラの人々は、この険しい傾斜地しかない国で、数千年以上も羊やヤギを飼って必死に生き抜いてきたのだ。そのことを誇りに思う世代が現れ、その伝統を踏まえた暮らしと町並みを再建し、当地ならではの物産を取りそろえる日は来るのだろうか?

独立の帰結が無国籍化だったアンドラ

当地始発のバルセロナ行きのバスに乗り、またまた険しい峡谷を下っていく。30分弱でスペイン国境に設けられたゲートを抜ける。自家用車はここでトランクの中などの検査を受けるが、バスはフリーパスだった。

　引き続いて同じ川沿いの谷間を走るのだが、国境を越えたとたんにときどき車窓に平地が現れるようになったのは印象的だった。平地が少しでもあるところまではスペイン、平地がまったくなくなって生産力が著しく落ちた先がアンドラ、という違いが歴然だったのである。

　アンドラはもともと、カタルーニャはラ・セウ・ドゥルジェイの町に置かれたウルジェイ司教区の領地の一部だった。中世の日本にも、各所に寺社領の荘園があったが、宗教は違えど支配の構造は似通っていただろう。だがやがて地元の貴族が、教会との係争を経てその中の一部の谷の統治権を有するようになり、数百年が経過する間にその統治権が、姻戚関係を通じて山のかなたの南フランスの貴族に相続された。再び係争が起き、スペイン側の司教とフランス側の貴族が共同してアンドラ公となることで決着した。

　その後フランスでもスペインでも、王権が強まって中央集権化が進み、貴族や教会は領地の統治権を手放していくことになる。ピレネー山脈周辺では、インド・アーリア系言語とはまったく文法構造の違うバスク語や、古典ラテン語からそれぞれ分かれたカタルーニャ語、オック語（フランス側）などが話されていたのだが、それらの話者も、スペイン国民ないしフランス国民とされてしまった。

そのような過程の中、フランス側の持っていた統治権は、革命を経て大統領に移管されることになった。他方でスペイン側の持っていた統治権は、その後も司教の下に残された。つまりアンドラは、スペイン側の司教とフランス大統領がアンドラ公として共同統治したまま、現代まで存続するという稀有な場所となったのである。フランコ独裁時代のスペインではカタルーニャ語の使用が禁圧されたが、アンドラではカタルーニャ語が公用語であり続けた。

そうなった最大の理由はもちろん、二大国の境界にあって、両方に属する特殊な場所であったことだろう。ドイツとフランスの緩衝地帯としてルクセンブルクが、イタリアとフランスの緩衝地帯としてモナコが存続したのと、やや事情は似ている。だがその両者と違うのは、当地が交通の要路でもなければ鉱山も農地もない、人煙まれな山村だったことだ。

アンドラの場合には、二大勢力が取り合って緩衝地帯になったのではない。スペイン、フランス、どちらから見ても、古い取り決めを反故《ほご》にしてまでこの地を独占するメリットがないゆえに、放置されていたというのが実態だろう。欧州全域で既得権を破壊し兄をスペイン王につけたナポレオンも、フランスを制圧したナチスドイツも、スペインの独裁者フランコ総統も、アンドラの法的地位は敢えていじらなかった。現在に至っても、特に誰に狙われる土地でもないので、この国に軍隊はない。

そのようなアンドラがフランスの保護国の地位を脱して独立し、憲法を持ったのは、つい最近の1993年である。だがその後の免税観光地化に伴って多くの外国人が居住するようになり、いまでは4割近くがスペイン国籍で、アンドラ国籍は住民の3分の1強に過ぎない。経済発展で、昔ながらの牧畜従事者もごくわずかとなった。

独立とともに国民国家的アイデンティティーが薄れ始めたのは、皮肉か、文明的必然なのか。山中に突如現れたコンクリートジャングルのようないまのアンドラは、しかし、建物や市街地の伝統的な佇まいが保全されている欧州にあって、意外にも住民に心の解放を感じさせる場所、21世紀を感じさせる場所になっているのかもしれない。突き動かされるように、無国籍で気安いリゾートの道をひた走るその姿は、もしかすると、欧州の未来の一つの形を先取りしていたりするのだろうか。

ACT5. 極小国家モナコ 平和な賑わいから感じ取るフランスの町との違い

2016年7月に、フランスのニースで起きたイスラム過激派によるテロ事件は、海沿いの歩行者天国に集まった花火見物客を、大型トラックでひき殺すというおぞましいものだった。その後同地はどうなっているのかと思い、翌17年5月に立ち寄ったのだが、その折にニースから東に20キロのモナコ公国にも訪れてみて、両地の対照的な状況にいろいろと考えさせられたのである。まずは、面積わずか2平方キロの極小国家モナコで、その存立基盤を考えた。

イタリア側からコートダジュールを列車で西進

モナコはフランス南東部の端、イタリアとの国境近く、地中海北岸の傾斜地に張り付くように存在する公国だ。面積は、よくある表現でいえば東京ドーム45個分で、皇居（外苑含む）よりも小さい。1988年春、大学の卒業旅行の際に列車で通過したことがあるが、モナコ国内の2キロ弱は半分がトンネルで、あっという間に通り過ぎてしまった。

その後、鉄道はさらに長いトンネル経由に付け替えられ、その中に新たに半地下のモナコ・モンテカルロ駅が設けられた。一度は降りてみたい、という29年越しの宿題を果たしに、イタリアのジェノバから3時間の国際特急で向かう。

隣り合うEU内の大国・フランスとイタリアだが、両国間を地中海沿いに直通する列車は、数時間に1本しかない。ミラノ－ジュネーブ－リヨン、トリノ－リヨンといったアルプス越えの方が、仏伊間のメインルートなのだろう。しかし天気は陽光燦々、左手には紺碧の海の、ご機嫌なルートだ。

地形は、日本でいえば東海道線の小田原−熱海とよく似ている。北から迫る山塊はヨーロッパ・アルプスの南西端だ。海岸沿いにもほぼ平地はないが、サンレモ、モナコ、ニース、カンヌと、よく名前を聞くリゾート都市が並ぶ。とはいえ日本に比べれば人口密度は低く、建物が少ないので景色はすっきりとしている。景観規制が徹底しているのだろう、日本中に林立している広告看板や原色の塗装の店舗なども、一切見かけない。

2時間以上走ってフランスに入った直後、特急はマントン・ガラバン駅に臨時停車した。ホームを見ると、小柄な黒人女性が国境警備係のような人物に連行されていく。アフリカからの不法入国者だろうか。この地中海の先には、人口爆発の続くアフリカ大陸がある。対して欧州では、10年ほど前から生産年齢人口（15〜64歳人口）が減少に転じた。雇用機会の乏しいアフリカから人手不足の欧州へと不法移民が流れ込むのは、浸透圧のようなもので、起きて当然の現象ではある。島伝いにイタリアに入った侵入者の多くは、フランスやその先のイギリスを目指す。彼らの母語は、植民地時代の遺産（ツケ？）でフランス語や英語

駅で不法入国？の女性が連行されていった

なのだ。そこでフランス当局はイタリア国境での警備を強めているのだろうが、お互いシェンゲン協定国でパスポートチェックもないのだから、焼け石に水だろう。

ちなみに欧州にさらに10年以上先んじて、先進国で最初に生産年齢人口が減少を始めた日本では、アジアからの人口流入圧力はずっと低い。ここ数年の間に韓国、台湾はもとより中国やタイでもばたばたと、日本に遅れること20年あまりで、同じく生産年齢人口減少という事態が始まっているからだ。つまり欧州にとっての中近東やアフリカに該当する人口爆発地域が、もう周辺にはあまりないのである。

カーブしたトンネルの中にあるモナコ・モンテカルロ駅

そうなった理由も、日本自身にある。１９７０年代のドルショック以降、日本は低賃金労働に依存するタイプの工場を順に東アジア、東南アジアに移転させてきた。そのことが移転先の経済発展を促進し、生活水準を向上させて出生率を下げ、地域紛争や内乱をも抑え、結局日本への人口流入圧力を低減する結果となったのだ。それに比べ、中近東やアフリカを発展させなかった（むしろ植民地化を通じて混乱させてきた）欧州や、メキシコやカリブ海地域を発展させなかった米国は、移民の強い流入圧力に晒されている。そのことが、インフレや経済成長の原動力ともなってきた。

そのような欧米に対して、ますます先の見えない人手不足が続く日本だが、その分、ロボットやAI（人工知能）の実用化が早く、噂と違って輸出産業の国際競争力は衰えていない。移民と旧住民との階層分化も起きておらず、犯罪件数は戦後最低を更新中だ。「日本経済ダメダメ論」とでもいうべき誤解が国内に蔓延して久しいが、数字も世界も見ていない人たちが語っている風評であり、この間の日本の選択の結果としての正しさは、後世に明らかとなるだろう。財政赤字の放置は、それとは別の大問題なのだが。

というようなことを考えている間に特急は、天井照明もきらびやかなモナコ・モンテカルロ駅に到着した。

白人ばかりが目立つモナコの雑踏

モナコ・モンテカルロ駅の出口はホームの東西にある。東口は、崖の中腹の割れ目のような谷間に設けられており、急な歩道で海岸に下りられるようになっていた。欧米にはよくあることだが、駅には荷物預かりサービスがなかったので、キャリーバッグを手に持って抱えて階段を下る。ニース―モナコ―マントン間は、電車が1時間に2〜3本走っているのだが、それに乗ってニース方面から来る日帰り客も、当地のホテルに泊まる客も、駅に荷物は預けない。筆者のように、イタリアから来てニースに抜けるような日帰り客の存在は、そもそも想定されていないか、想定したとしても相手にされていないということだろう。

海岸に出て左に行けば、カジノホテルの林立するモンテカルロ地区。右に行けば大公宮殿のある旧市街だ。振り返ると、崖にへばりついたモナコの町が見える。崖の中腹にあるアーチ状のガラス窓がモナコ・モンテカルロ駅東口で、そのすぐ上からはもうフランス領になっている。急斜面が市街地になり、その途中に国境が引かれているのだ。熱海とよく似た地形だが、建物の美しさは熱海とは別世界である。

モナコの旧市街は建物が美しい

「俺は賭けるときは賭けるが、ギャンブルはしない」というのは、筆者がかつてラスベガスで会った、あるマッチョなアメリカ人トラック運転手の〝名言〟である。彼は酒を飲むだけで、スロットマシンには触らなかった。筆者も彼と同じく、「リスクはちょくちょく取るが、期待値が最初からマイナスになっていることには手を出さない」という主義なので、右に向かって、緩い上り坂の商店街を歩く。

町はコンパクトだが、通りは清潔で、建物はカラフルながら統一感があり、平和な賑わいに満ちている。通行人にはおしゃれな装いの女性が目立つ。綺麗な花屋の写真を撮ったら、たまたま中からお客のマダムが笑顔で出てきた。花は人を笑顔にするものだが、この美しい町ではなおさらその効果が高そうだ。

旧市街のへそとも言えるアルム広場まで上った。ほとんど平地がない町だけに、このわずかなスペースにたいへんな人ごみができている。カジノ地区に縁のない、筆者同様に中流以下の観光客が中心だが、地元の子どもなども混ざって遊んでいるようだ。

楽しそうな光景に心が休まったが、ふと気づいた。南北の幅が数百メートルという紐のような形の国で、フランスからの出入りはまったく自由なのに、フランスの町とモナコには大きな違いがある。通行人が白人ばかりで、フランスであれば当たり前の黒人や、イスラム教徒であることを示すスカーフをかぶった女性を見かけない。実質フランスの一部かと思っていたこの国だが、意外に何か異なる実態を有しているということだ。

広場の近くには、海岸まで降りる人用の、公共のエレベーターがあった。興味はそそられたが、時間が限られているので、海に突き出した岩塊の上に建つ大公宮殿に向け登ることにする。10メートルおきに余計な段の入った坂を、キャリーバッグを苦労して転がしながら上がりつつ、この国がなぜ成立し、なぜ今日まで存続できているのか、思いを巡らした。

ACT6. 現代まで生き残った封建領土・モナコ公国

幅数百メートル、長さ3キロ、面積2平方キロの極小の公国・モナコ。この奇妙な国家はどう運営されており、その存立基盤は何なのか。

大公宮殿の建物は思ったより簡素

鎌倉時代から現代まで生き残った封建領土

海に突き出した岩塊の上に建つ大公宮殿まで上がってみると、クリーム色のシンプルな外見の建物だった。衛兵の詰め所はあるが中に人影はない。現モナコ公（母は女優のグレース・ケリー）は、ここには住んでいないのかもしれない。

王宮前の広場からは、お金持ちの所有するクルーズ船が群れをなすモナコ港越しに、急斜面に家々が張りつくように建つ壮大な景色が一望だ。港に設けられた観客席は、F1モナコグランプリで、レーシングカーが駆け抜ける場所

F1モナコグランプリではレーシングカーが旧市街を駆け抜ける

だろう。反対に王宮裏手の崖からは、真っ青な海と、マリーナ付き高級アパート街が見下ろせる。どの方向を見てもピクチャレスク、最近の表現ならインスタ映えする景色である。

モナコ公は、13世紀末（日本の鎌倉時代）に、この岩塊の上にあった要塞《ようさい》を占領した、ジェノバの貴族グリマルディの子孫だ。日本でもその当時は、他所から来た武士が山城に居着くというようなことは無数にあったわけだが、そのままいまに続く封建領主はもちろんいない。なぜモナコは、フランス共和国に囲まれながら存続できたのか。

そもそもカンヌーニースーモナコーマントンの地中海沿岸は、19世紀後半まではフランスではなくイタリアの一部だった。11世紀頃からジェノバ共和国の領地となり、19世紀には西側はサルディーニャ王国の飛び地、東側はモナコ公国となっていた。そのサルディーニャ王国は、ちょうど日本で明治維新が起きた頃に、無私の英雄ガリバルディの活躍もあってイタリア統一を果たすのだが、その過程でフランスを味方につけるべく、サヴォイアやニースをフランスに割譲したのである。ちなみにガリバルディはニース出身であり、せっかくイタリアが統一されたにもかかわらず故郷がフランス領になってしまったことに、いたく落胆、憤慨したという。

サルディーニャ王国の保護領であったモナコ公国も、統一イタリアに組み込まれそうだったところだが、そこで逆転劇が演じられた。当時のモナコ公は、イタリアと接するマントンなど自国領土の大部分をフランスに売却し、外交や軍事もフランスに委ね、市街地の一部だけを自領として保持するのに成功したのだ。フランスに囲まれることで、イタリアに組み込まれていくのを逃れたというわけである。肉を切らせて骨を断つ、というのか。肉を切らせて骨だけ残したというべきか。

第一次大戦後にはフランスの保護国となり、第二次大戦時にはイタリアに、次いでナチスに占領されたが、その後また独立を回復した。両大戦間期にカジノを発展させ、現在はタックスヘイブン（租税回避地）兼高級リゾート地として繁栄している。

アンドラ公国の場合は、スペインとフランスへの両属ゆえに（正確には両属関係を清算するための外交エネルギーをかけるほどの要衝性がないことから）存続し、ルクセンブルク大公国の場合は、欧州の要衝ゆえにドイツとフランスの緩衝地帯として存続した。モナコも、イタリアとフランスのつばぜり合いの中で、巧みに動き回ることで存続したわけだ。

金持ち居住地区しかない国ゆえの白人国化？

それにしても、この国の人口は4万人弱と聞くのに、見える範囲だけでも十数万人は住んでいそうだ。それもそのはずで、急斜面にできた市街地の多くはフランス領である。国境は人工的に、街路の上に、場所によっては無数の建物の中を貫いて引かれている。

日本でも福岡県大牟田市と熊本県荒尾市の境界や、埼玉県川口市と東京都足立区の境界などに、ややこれに近いところがあるが、当地の場合には国境であるだけに、いろいろ疑問が募る。上下水道や道路の管理はどうなっているのか。校区分けや警察・消防などは？　境界上の家の住人は税金をどちらに払うのだろう。

さらにいえばモナコはEUに加盟していないので、EUの補助金はフランス側にしか使えないはずだが、管理はきちんとなされているのか。また、モナコに空港はないが（最寄りの空港はニース）、寄港した船から下りる外国人はいるかもしれない。その入国管理にはEUの係官が来るのか？　疑問ばかり募るが、ちょっと歩いただけで答えがわかるわけもない。わかったのは、通貨はユーロということだけだった。

ところでそのモナコ領土側在住の4万人弱のうち、モナコ国籍なのは9000人程度で、他はフランスほかの外国籍だという。当国には所得税がないので、世界の金持ちが多く居を構えており、元サッカー選手の中田英寿さんの邸宅もあるらしい。しかし1957年以降に移住したフランス人に関しては、フランスに住んでいるのと同様の納税義務があるとのことだ。フランスとしては「モナコに引っ越したとたんに納税義務がなくなる、というのは許しがたい」ということなのだろう。

大公宮殿前広場から東側に向けては緩い傾斜地で、規模は小さいが中世のままの迷路状の市街が残っている。穴倉のような感じの街路にセンスのいい店が並び、のんびりした時間が流れていた。ここまで警官も軍人も一人も見ていない。電車で20分しか離れていないニースで、10カ月前に観光客を狙った陰惨なテロがあったというのがウソのようだ。

大公宮殿横の迷路状のショッピング街

警官がいないのも道理で、狭い国土には監視カメラ網が張り巡らされているそうだ。路上で何かやれば必ず摘発されることから、強盗その他の暴力犯罪は極端に少ないらしい。プライバシーが国にダダ漏れということだが、幸いその国には圧政を敷く実力がないので（そもそも街路一つまたげば外国である）、実害がないということなのだろう。

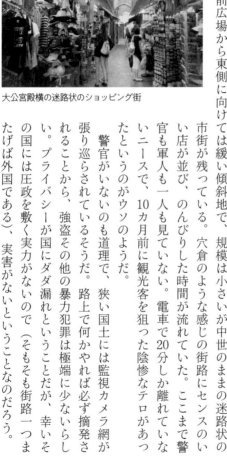

繁華街のビルの1階にいきなり口を開けているモナコ・モンテカルロ駅西口から、エレベーターで下り、北東方向への長い地下通路をたどってホームに戻る。18時前で、やってきた電車はニース方面に帰宅する通勤客で満員状態となった。その中にようやく一人、黒人のおばさまの姿を見かける。そういえば大公宮殿に上る坂ですれ違った観光客の中にも、二人だけ髪を布で覆ったムスリムの女性がいた。だが他には、自分のようなアジア人も含め、非白人を見かけなかった気がする。

大勢の人でにぎわう旧市街のアルム広場

フランスからモナコへの出入りは誰でも自由だし、モナコの事業者がいまどき肌の色で従業員を選んでいるとも思えない。だが、あまりに狭く住宅価格の高い国土に、貧困地区は存在できない。それゆえに醸し出される「金持ち白人の住む何でも高い国」というイメージが、何となく非白人の労働者や観光客を遠ざけているのかもしれなかった。もちろん住宅地区ではなくカジノ地区の方に向かえば、まったく違う光景があったのかもしれない。

電車にすし詰めになった、フランスに帰宅する白人労働者の皆さんの疲れた顔を見ながら、ニースへと移動する。

ACT7. テロの傷痕残るフランスのニース 国際観光地で知る社会の分断

平和で賑やかなモナコ公国から、毎時2〜3本あるフランス国鉄に乗って20分。ニースにやって来た。ニース・ヴィル駅の次の、ニース・サン・トーギュスタン駅で、通勤客で混み合う電車から降りる。翌朝早くにマドリードに飛ぶため、ニース・コートダジュール空港に近いこの駅の近隣にホテルを予約していた。モナコ駅で荷物預かり所を見つけられなかった教訓で、いったんホテルに荷物を置いた方が良いと考えたわけだ。

テロの傷跡の残るビーチ

ホテルにチェックインした後、ニース・ヴィル駅まで1駅取って返し、降りたのが19時15分。これから日没までの1時間少々が勝負と、海岸に向けて歩き始めた。

駅から海岸まで、南方向に1キロ歩くと、東西方向に歩行者専用の商店街が延びていた。まあまあの人通りだが、モナコの雑踏と比べると、ずっとずっと静かに見える。さらに南に

3分で、片側3車線の海沿いの大通りまで出た。

その先が白い小石で埋まるビーチで、東西に5キロ近く延びている。見渡す限り、港湾施設や防波堤、消波ブロックといった、景観をぶち壊しにするようなコンクリート構造物は一切ない。浜辺に設けられた2車線幅の歩道が、少し高い位置にあって堤防を兼ねる造りだが、傾斜は緩くて目立たない。とてもすっきり広々とした、爽やかな海岸景観だ。ちなみに港は、東の岬の向こうに掘り込まれ、見えない構造になっている。

テロ事件の現場に供えられた花

筆者はフランス人を瀬戸内海の海水浴場に連れて行ったことがあるのだが、浜辺の途中にコンクリートの区切りがあり、その先が埋め立てられていることにとても憤慨していた。しかもその埋立地自体にも、特に何か建っているわけでもない。それ以来よく意識して見ているが、日本には埋立地や港湾施設で区切られていない、岬から岬まで完全に浜辺のままのビーチというものは、大小問わずとても少ないのである。「海と見れば埋めておけ」という戦後の港湾土木行政によって、全国津々浦々のどれだけの浜辺の景観価値が破壊されたことだろうか。

と、そのようにニースを褒めたのだが、歩道を散策する人影はまばらだ。波打ち際には、ところどころにプラスチックの椅子とテーブルを置いたレストランがあるのだが、これまた客は数えるほどである。東にしばらく行ったところで、海に向けて大きな花束が供えられてあるのを見つけた。やはりここがテロの現場だったわけだ。

遊歩道をパトロールする軍人

筆者訪問の前年の、パリ祭（フランス革命記念日）の夜。花火見物客で埋まったこのプロムナード・デ・ザングレ（「イギリス人の散歩道」の意）上を、2キロ近くも高速でジグザグ走行した大型トラックは、少なくとも84人をひき殺し、200人以上を負傷させたという。あまりに凄惨な血の記憶は、10カ月を経てなお、日本人のような「穢《けが》れ」の感覚を持たないはずのフランス人にも残っているようで、やはりこの場所ではくつろげないという気分の人が多いのだろう。

数分おきに自動小銃をぶら下げて巡回パトロールするフランス軍人のものものしさが、わずかに残った遊び気分をも奪い去っていた。

国際リゾートの存立基盤を損ねる排外気分

人の温もりが少々懐かしくなり、街の東側にある迷路状の旧市街に迷い込んでみた。面白いもので、物影に隠れたような裏路地のオープンカフェになるほど、隠れるようにして多くの客の姿があった。せっかく広々とした海沿いの町に来たのに、開放された空間に座るのにはみな些《いささ》かの恐怖心を抱くのだろうか。人間心理とは微妙なものだ。

旧市街の裏路地のにぎわい

　市街横の城跡に上ってみると、これまた人の気配は少なかったが、夕暮れ時の晴天の下、赤い屋根と薄いオレンジの壁で統一された見事な街並みが一望できた。ここが19世紀半ばまでイタリアであったことが、家屋の様式からも天気からも納得できる。

　訪れた当時のニースは寂しい状態だったが、しかしこの場所にこの天気があってこの街並みがある限り、記憶の風化とともに、いずれまた雑踏は戻るだろう。あるいは、いま現在であればすでに相当に戻っているのかもしれない。だが、あのようなテロを生んだフランスの社会構造自体は、なかなか変わりそうもないのだった。

フランスの人口の1割はムスリムだという。そのこと自体は、不可避なことだ。人口爆発の続くアフリカや中東に、広大にあるフランスの旧植民地では、フランス語が共通語になっており、何世代にもわたり当地への移民の歴史が築かれてきたのだから。アルジェリアに至っては、独立以前はフランスの海外県（植民地ではなく国内の各地方と同じ立場）で、その独立に際してはフランスに親和感を持つ住民が大量にフランスに逃げ込んできたのである。

テロの犯人は地中海対岸のチュニジア移民のムスリムだったが、彼がモスクに通うようになったのは、事件のわずか3カ月前だったという。何かの理由で社会に対して強い不満を持つように、あるいは不満というよりも、えたいのしれぬ暴力衝動、自己破壊衝動を覚えるようになり、そのはけ口あるいは正当化の理由として、イスラム過激派の論理を見つけたのだろう。かつてオウム真理教に帰依してテロ行為を実行した犯人たちのほとんどが、特に宗教的な人間ではなかったのと同じで、原理主義は迷える（あるいは血迷った）若者に、破壊行為の言い訳を提供したに過ぎないのだ。

だがイスラム過激派による、パリ祭当日の無差別大量殺人という事実は、事実として多くのフランス在住ムスリムの社会的立場を苦しくしたことだろう。そうなるとさらにそれが理由で、社会的に疎外され、宗教テロに走るムスリムの若者が増えるかもしれない。テロは抑え込めたとしても、社会の中の見えない亀裂はそれが理由でさらに拡大していくかもしれない。

せっかくニースに来たというのに、夕食に重たいフランス料理を食べる気がどうしても起きなかった。結局トルコ人の若者の経営する店で、量は軽く味はおいしい挽き肉料理とトルコビールをいただく。彼らもムスリムであり（であるがビールを出すほどにライトな信者で）、テロによる売り上げ減の被害者でもあり、何ともやりきれない気持ちだろう。

市街地に導入されたLRT

急いで駅に戻ろうと、目の前にやって来たLRTに乗ったら、車内では切符を売っていない。しまったと思って、次の次の停留所で降りたら、ホームで待ち構えていた係官に、不正乗車賃として50ユーロを要求される。規則は規則なので、払うものは素直に払うのが筆者の身上である。つべこべ言わずさっさと札を出したのだが、「この町では切符は乗る前に買えよ。わかったか」と、勝ち誇ったように言い捨てられて驚いた。テロの後遺症という面もあるだろうが、その顔に国際観光地には不似合いな、よそ者への不寛容の気分をまざまざと見て、当方の心は曇ったのである。

見上げると星空のようにも見えるアートの飾られたメインストリートを、夕闇迫る中、駅までとぼとぼと歩きながら、この飾りに込められた鎮魂の思いと平和への願いを、皆が共有する日は来るのだろうかと、悲しい思いに浸ったのだった。

〈コラム　荷物預けの苦労〉

欧米の旅行者は、一カ所に何泊も滞在して、じっくり名所旧跡を見て歩くことが多い。筆者のように「通りがかりの数時間に町を歩く」などというせっかちなことをする者の存在を、多くの町は前提としていない。その結果、荷物預かりサービス（英語では"Left Baggage"）のない町も多いのである。「歩きたいのなら、泊まってホテルに荷物を置きなさい」ということなのだ。

この章の町々の場合、ルクセンブルクでは駅に荷物預かりサービスがあったが、モナコ・モンテカルロ駅にはそのようなサービスはなく、アンドラ・ラ・ヴェリャにはそもそも駅がなかった。コインロッカーとなると、北欧の町では存在することもあるが、欧州の中心的な国々では見かけたことがない。爆弾テロを防ぐためだろうが、不自由なことである。さらには、荷物預かりサービスの利用料も、日本のような日単位制ではなく時間制で、かつ数時間で1000円くらい取られるのは当たり前である。

荷物が預けられない場合、筆者はそのままキャリーバッグを転がしていく。スイス製の、長いハンドルが1本だけ引き出せるものを、知人からプレゼントされて愛用しているのだが、これが優れモノで、指一本引っかければわずかな力で簡単に引いていけるうえ、方向転換も自由自在だ。路面さえきちんと舗装されていれば、何キロでも疲れずに歩ける。それ以外にリュックサックも持っているが、背負うと肩や腰が疲れるので、ひったくりの心配のない町ではメインのキャリーバッグの上にちょんと置いて引っ張っていく。うまくバランスが取れると落ちない。

とはいえ、大きな荷物はない方がはるかに機動性は高くなる。日本や韓国、台湾のように、テロに無縁でコインロッカーが当たり前の国がもっと増えていくことを願いたいが、世界情勢を考えれば無理筋だろうか……。

第5章

レバノンとヨルダン・戦地真横でのかりそめの安寧

宗教対立は、現代の日本人が論ずるのを苦手とする分野だ。民族問題も、外国にルーツを持つ人が血族にいない多くの日本人にとっては、肌感覚では理解できない世界である。「まあまあ固いことは言わずに仲良くしましょうよ」と日本的なことを幾ら言っても通じない、問答無用で対峙モードに入ってしまうような人たちの住む国々には、なるべく関わり合いになりたくないというのが、日本人の本音だ。

だから「中東には行きたくない」と思う人が多いのは当然だろう。それどころか、中東にのこのこ出かけて反政府勢力だの宗教原理主義勢力だのに捕まった日本人には、同情どころか非難が殺到する。そのような世界に興味を持つこと自体が悪であるというかのように、「自己責任」の合唱が沸き起こるさまは、世界でも特異な光景ではないだろうか。

しかし日本も近い過去までは、宗教を理由にした殺し合いが起きる社会だったのだ。室町後期といえば、信長以降にしか興味がない多くの人にとっては空白の時代なのだが、当時の京都で比叡山延暦寺（天台宗）が法華宗（日蓮宗）の放逐を試みた「天文法華の乱」では、数千人以上の犠牲が出たといわれる。信長は越前（福井県）や伊勢（三重県）長島で数万人もの一向宗信徒を殺戮《さつりく》したし、江戸初期の島原の乱では3万7000人ものキリスト教徒（および巻き込まれた農民）が、文字通り大量虐殺された。明治維新に伴って吹き荒れた廃仏毀釈の嵐も、現代の目で見れば宗教的狂熱に駆られた暴力沙汰である。

民族問題も、日本に無縁なものではなかった。室町時代から江戸時代にかけて、北海道ではアイヌと日本人の闘争が何度も起きている。関東大震災の際の朝鮮人虐殺も、民族対立に基づくジェノサイドに他ならない。在日コリアンに対するヘイト発言がネット空間で吹き荒《すさ》んでいる現状は、民族問題の存在が国内で自覚的に認められていないことの最大の弊害ではないか。沖縄は言語的には日本人の同族だが、欧州的な定義で考えれば類似した別民族であるとされてもおかしくはなく、米軍基地問題などさまざまな懸案の処理を間違っていけば、将来的には民族的な対立感情が相互に醸成される可能性もあるのである。

だからといって現代の日本では、宗教や民族を理由にした殺し合いは起きていない。国が分裂して争うこともありえない。そういう意味では、シリア内戦や、イスラエルとパレスチナの対立というような深刻極まる事態は、やはり日本人の想像を超える。だが実際のところ中東では、宗教や民族を異にする人たちすべてがいがみ合っているのだろうか。彼らに共存の意思はないのか。昔からそのような状態だったのか。彼らは相手を追い出すまで戦い続けるのだろうか。まずは現地に行って実感してこない限り、理解の入り口にも立つことはできないのである。

しかし筆者は、中東の対立の最大の震源地ともいえるイスラエルに、まだ足を踏み入れたことがない。この国の入国印がパスポートにあると多くのアラブ諸国に入れなくなるとも聞くので、二の足を踏んでいる。スンニ派ムスリムの中核であるサウジアラビアにも、ムスリムではない日本人には観光ビザが出ないので、行くことができないでいる。それに次ぐ地域大国であるイラクにも、まだまだ出向く勇気はない。

さらにいえば、この地域をきちんと理解するには、周囲を囲む歴史的文明大国をも知る必要がある。エジプト、イラン、トルコだ。エジプトには1993年に夫婦で旅行したが、その後テロが頻発するようになり、再訪を果たしていない。トルコはイスタンブールという世界都市だけに2回訪れたのみで、本質が良くわかっていない。イランはぜひ行きたい国で、テロもないのだが、一度入国すると米国への入国（米国の空港での乗り換えを含む）の際にトラブルになると聞く。米国に旅行の自由を妨げられるとは腹立たしいが、実利を考えればなかなか行きにくい。

ということで課題山積の中、まずはその他の相対的に小さい国々に、順番に足を踏み入れようと考えた。アラブ首長国連邦のドバイにだけは2009年に家族で訪れたことがあるのだが、そこへの再訪を皮切りに、恐る恐るその先へと足を延ばすことにしたのである。その第一弾の体験記を、以下に記そう。

ACT1．レバノンの首都ベイルート「中東のパリ」のいまを見に行く

シリアとイスラエルという、実にややこしい隣人に囲まれた小国・レバノン。１９７５年４月、東アジアでヴィエトナム戦争が終わったその同じ月に混迷の内戦に陥り、以来今日まで紛争続きという印象がある。だがいま調べてみると飛行機も普通に飛んでいるし、多くの部分については、渡航するなという勧告も出ていないようだ。「中東のパリ」と言われた美しいベイルートの街並みは、まだ残っているのか？

カメラ、キャリーバッグ、パソコンまで壊しつつ向かったベイルート

２０１８年2月末から3月頭にかけて、筆者はレバノンのベイルート、ヨルダンのアンマン、クウェート、バーレーンを回った。アラブ首長国連邦のドバイをゲートウェイに、遠回りだがモスクワ経由で往復したのである。

愛用のカメラ、キャリーバッグ、そしてパソコンまでが次々壊れるというトラブルに見舞われたこの旅行。しかし出向いた国々は、それぞれに壊れそうな要素を抱える社会を必死に

シリアとイスラエルに挟まれたレバノン

メンテナンスし、前を向いて進もうとしていた。ペルシャ湾岸諸国については後日機会を改めて述べることとして、この章では、レバノンとヨルダンで見聞した〝いま〟を記す。

２０１８年2月末の火曜日の夜8時過ぎ。むやみに巨大なドバイ空港のターミナル3のレストランで、ベイルートに向かうエミレーツ航空の便を待ちながら、筆者はお先真っ暗な心境だった。ついさっきまで普通に動いていた持参のノートパソコンの電源が、突然入らなくなってしまったのだ。

昼間には、愛用のコンパクトデジカメが故障したが、幸いにも巨大モールの林立するドバイにいたので、カメラ屋で代替機を安く買うことができた。さらに先ほど、愛用のキャリーバッグの車輪のゴムの部分が、筆者の扱いの乱暴さゆえか割れてしまい、車輪が回らなくなった。手でぶら下げて運ぶしかなくなってしまったが、これはどこかで瞬間接着剤を入手できれば応急修理できる。しかしパソコンの電源故障ばかりは、出先では対処のすべがないのだった。

パソコン内のデータは、帰国後に修理会社に持ち込めば、有料で取り出すことができる。だが帰国までは新たな作業ができないうえ、メールソフトが使えないので、「藻谷からの連絡が途絶えた」と困るクライアントも出るだろう。旅行中には、締め切りの過ぎた多くの寄稿や連載も書かねばならない。それ以上に、これからベイルートへの4時間半の機中でパソコン作業ができないのが、一番の打撃である。

旧市街は北イタリアのような街並み

とはいえ「覆水盆に返らず」であり、ベストが駄目ならセカンドベストを目指すべきだ。そこでドバイからベイルートまでの4時間半、筆者は機内食も飲料サービスもパスし、ひたすら寝通すことで睡眠を貯金した。それにしても、日本人としては「同じ中東」と考えがちなこのドバイとベイルート、相互の距離の遠さはなかなかのものである。ベイルートから反対の西欧方向に4時間半飛べば、ロンドンまで行けるのだから。

寝ている間に飛行機は、ドバイと並ぶ中東の航空ハブながら近隣諸国との断交騒ぎで行きにくくなっているカタールのドーハ上空を通り、地域大国ながらムスリムでない限り観光旅行の許されないサウジアラビアをかすめ、紛争地域に出向く趣味のない筆者のような者には近寄りがたいイラクとシリアを北方に眺めつつ、ようよう真夜中のベイルートに着陸したのだった。

レバノン入国に際しては、空港でアライバルビザを入手する必要があると、ネットには書かれていた。だが実際には、通常の入国手続きだけでさっさと入れてしまった。なにぶんこの国に関しては、紛争地というイメージが染みつき過ぎているためか、訪問時にはまだ、日本語で出ているガイドブックが存在していなかった。ネットの解説が間違っていたのか、空港での扱いが間違っていたのか、その場で確かめるすべはなかった。

ファーストタッチは「北イタリアに来たか？」と思うほどスマート

空港からスマートなタクシーに乗って、30分弱で旧市街のホテルに到着。入国係官も運転手も、誠実かつ親切そうだったし、空港も近代的だったし、おまけに宿もいわゆる「ブティックホテル」で、たいへんにおしゃれだった。部屋の壁には、「砂糖でくるまれた牛の糞よりも、正直の方がまし」という警句が英語で書かれてある。なかなかのウィットであり、これまでのところは、「ここは北イタリアだ」と言われても違和感はない。それはつまり、〝南イタリアよりは機能的〟ということでもあるのだが、唯一、標識や説明がアラビア語であることが、当地が厳然としてアラブ地域であることを示していた。

レバノンはもともと、現在のアルファベット（ラテン文字）の原形であるフェニキア文字を残した、海洋民族・フェニキア人の故地である。しかし紀元前9世紀にアッシリアに征服されたのを皮切りに、アレクサンダー大王、ローマ帝国、東ローマ帝国などに支配され、7世紀にはムハンマドを始祖とするイスラム帝国にのみ込まれる。十字軍、次いでモンゴルが来襲した後には、マムルーク朝エジプト、さらにオスマントルコの支配が続いた。両大戦間にはフランスの委任統治領にもなっている。そのように言語を異にする多くの支配者がいた中で、アラビア語が母語として根付いたのは、アラビア語で書かれたコーランを奉ずるイスラム教が、当地に深く浸透したことによるのだろう。

由緒ありげな建物が並ぶ旧市街

そのように言語的には統一されているレバノンだが、その統一をもたらしたイスラム教は、この国ではドミナントな宗教ではない。当市から南方の聖地エルサレムまでは福島ー東京と同程度の距離であり、国民の4割は古来のキリスト教徒（後述するマロン派、シリア正教徒、アルメニア正教徒など）である。6割弱がムスリムだが、その中にもスンニ派とシーア派が併存し、アラウィー派やドゥルーズ派というシーア派からの異端分派も、少数ながら根強く残っている。1975年から15年間続いたレバノン内戦当時は、ベイルートの町は西のムスリム地区と東のキリスト教徒地区に分断されてにらみ合っていたという。

しかし特定の宗教の信者を根こそぎ排除することなどできないというのが、当地の長い歴史の教えるところだ。筆者が宿を取ったハムラ地区は、分断当時は西に属していたはずだが、現在の様子は書いた通り北イタリアの町のようで、宗教色は感じられない。何より、モスクから大音量でアッザーン（礼拝の呼びかけ）が鳴り響くということがない。大統領はキリスト教マロン派から、首相はスンニ派から、国会議長はシーア派から選ばれるという不文律も守られている。

レバノン料理は中東最大の魅力

翌朝、ホテルの部屋からベイルート旧市街を見下ろすと、古い建物が並ぶ中に、すっきりとした朝陽が差し込んでいた。何だか希望が湧いてくる。ホテルのメンテナンス係から小さなドライバーを借り、試しにパソコンの裏ぶたを開けてみたら、中の配線が動いてどこかに溜まっていた電荷が消えたらしく、再び電源が入るようになった。嬉しさをかみしめながら、陽光の照らすホテルのレストランでおいしい朝食をいただく。野菜や豆を多く使ったレバノン料理は、中東最大の魅力だ。旧市街の片隅に残っていた小さな文具・雑貨店で瞬間接着剤を買うこともでき、キャリーバッグも再び転がせるようになった。勇気百倍、今日は元気に町を歩いてみることにする。

ACT2. ベイルート 美しい海と街並みの背後に潜む不吉な影

つい最近まで日本語のガイドブックが出ていなかった数少ない国・レバノン。だが飛行機も飛んでいるし、首都には渡航自粛勧告も出ていない。ということで首都ベイルートを腰軽く訪れてみたところ、アラビア語とアラビア文字の国にもかかわらず、旧市街の瀟洒《しょうしゃ》なたたずまいは、北イタリアのようだった。2月末だが燦々《さんさん》と照る地中海の陽光を浴びて、ご機嫌な気分で散策に出かける。

レバノン山脈の雪を眺めながらご機嫌な海辺を歩く

ベイルートの旧市街は、地中海に向けて直角に突き出した台地の上に広がっている。北と西が海という地形は、インド洋に突き出したスリランカのコロンボや、後に訪れた南アフリカのケープタウンにそっくりだ。

縁もゆかりもないこの3市だが、近代以前から海上交易の拠点として栄えたという点は共通している。古代ギリシャの歴史家ヘロドトスによる、「紀元前7世紀頃に当地を船出したフェニキア人の船が、リビアをまわってエジプトに帰着……」という記述から、ここでの『リビア』とはアフリカ大陸だと想像を膨らませると、この3つの港を見た古代の船乗りも、あるいは存在したかもしれない。

ベイルート港から見たレバノン山脈

町の東には標高2500メートルを超えるレバノン山脈が延び、地中海からの西風がぶつかって上昇気流となることから、一定の降水がある。2月末の今日は、上から4分の1ほどが雪に覆われていた。国名の元となったフェニキア語の「レバン」は「白い」という意味だという。確かに乾燥した地中海沿岸で、この景観は古代から人の注意を引くものだっただろう。当市からその山並みを越えて反対側に下りていくと、80キロも行かない先から乾燥したシリアになる。

当地の先住民だったフェニキア人が、航海の民として記録に登場するのは紀元前15世紀。北隣のアナトリア半島（現トルコ）にヒッタイト帝国が勃興したのと同時期である。降水の恵みを受けて育つレバノン杉（国旗にもデザインされている）を、ヒッタイト人が実用化した鉄器で、伐採・製材できるようになったことが背景にあっただろう。鉄器といえば、武器や農機具の革新をもたらしたことが強調されがちだが、それらは青銅器でも作れないものではなかった。木を切って木材にすることこそ、鉄器が登場して初めて大々的に可能になったのである。つまり仮小屋ではない木造建築や、筏《いかだ》やカヌーではない船は、鉄の実用化の産物なのだ。

当国の南隣でユダヤ人の王国が栄えたのはその５００年後、キリストの降誕は１５００年後、ムハンマドにアッラーの啓示が降りたのは２１００年後である。だがそのイスラム教創始すらも、日本の飛鳥時代に該当する大昔の出来事だ。兵庫県と大阪府を足したほどの小さな面積に兵庫県ほどの人口が住むこの小国には、その長い時間を通じて、ミルフィーユのように多様性が折り重なった。

彼方に見える山の上にはいまでもわずかに残されたレバノン杉の森があり、世界遺産になっているという。しかし人間の生態に主要な関心のある筆者は、この人口２００万人ほどの都会を歩けるだけ歩くことに、本日の精力を傾けることとした。

ホテルのすぐ近くに、ベイルート市街のビジュアルな案内板があった。まるで日本のように、楽しそうな絵地図が書かれており、観光に力を入れる姿勢がわかる。それで位置を確かめ、北面の海岸に向けて坂道を下りる。

途中にはベイルート・アメリカン大学のキャンパスがあった。日本で明治維新が起きた頃に、米国から来たプロテスタント宣教師が開いたものだが、いまは宗教色のない総合大学だ。門を出入りする多くの女子学生の中でも、キリスト教徒は普通に髪を見せている。ちなみに米国政府は現在、自国民にレバノンへの渡航自粛を勧告しているという。実際にはこんなに平和な様子なのだが。

ベイルート・アメリカン大学のキャンパス前

海岸沿いのパリ通りまで降りると、レバノン山脈の雪を彼方に望む広い歩道で、ジョギングや散歩を楽しむ市民の姿があった。海の水はもともと青く澄んでいたものが、都市排水でやや汚れ始めているという印象だが、それでも十分に泳げそうだ。筆者もここから西回りに、海沿いを歩いていくことにする。キリスト教徒とムスリム諸派の混住地だけに、女性の服装を見ていると、西欧と同じ露出度の人から、頭にカラフルな布を巻いた人、黒ずくめの人まで、実にさまざまだ。

町の北西の角には由緒ありげな灯台があり、そこから先、南に向かう海岸は低い崖となっていた。「鳩の岩」と呼ばれる奇岩に面して、オーシャンビューのレストランやカフェが崖上に集まり、リゾートマンションも続々建設されている。道ばたにはオレンジジュースやスナック菓子を売るスタンドがあり、そこに売られていたスナック菓子は輸入品ではなく当国製だった。珍しいので、一つ購入する。

パリ通りで散歩をする市民

一角に真新しいスターバックスがあったので、一息入れつつスマホでＷｉ-Ｆｉに接続し、現在位置などを確認した。筆者の加入するプランでは、欧・米・アジアの多くの国においてデータ通信を１日最大９８０円の定額料金で使えるのだが、この国はサービス対象外地域だ。Ｗｉ-Ｆｉがないところでうっかりネット接続などしたら、高額請求をされかねない。

あちこちに顔をのぞかせる戦争の影

スタバを出て、美しいビーチを遠望しながら坂を南に下っていく。すっかりリゾート気分になったが、バラの花束を抱えた子ども2人と抜きつ抜かされつつするうちに、彼らが貧しい物売りの姉弟であることに気付いた。商売に身が入らないようで、2人とも海の方ばかり見ている。もしかして当国内のキャンプに50万人が居住するというパレスチナ難民だろうか。あるいは100万人を超えているといわれる新参のシリア難民か。

命からがら逃げてくるシリア難民を、国境で追い返すようなことは、レバノンはしていない。だが彼らのほとんどは、寒冷な高地の劣悪な住居に留め置かれ、就労も許されないままだ。人道面から批判されているところだが、平地にも天然資源にも乏しいレバノンにしてみれば、国内居住者の3人に1人が難民といういまの状態は耐え難い。国民も難民もアラビア語話者だが、難民のほとんどはムスリムなので、居住権を与えれば国内の危うい宗教バランスも崩れる。

1975年からの内戦も、ヨルダンから追い払われたPLO（パレスチナ解放機構）を受け入れたことで、国内での宗教対立が深刻化し、そこにイスラエルとシリアが介入して泥沼化したものだった。その後PLO本部は国外に去ったが、その当時10万人だったレバノン内のパレスチナ難民は、いまでは子孫を含め5倍に膨れ上がった。打倒イスラエルを掲げるシーア派組織ヒズボラ（神の党）が置き土産のように国内で勢力を強めつつあり、新たな介入を招く危険性も高まっている。

ビーチ北端で海と別れ、ドゴール将軍通りを東の方向に向かう。

古い建物の写真を撮ったら、道の向かいの詰め所にいた警官に「来い」と呼ばれた。該当データを消去したら許されたが、撮影禁止の理由はわからなかった。

今度はバーダン通りを北東に、都心方向に歩く。沿道の壁に落書きのように描かれた壁画

サルから進化した人間を描いた壁画

は、サルが猿人を経て人に進化し、とうとう自爆ベルトをつけ銃を持って歩きだしたというもので、「それのどこが進化？」との警句が添えられていた。それやこれやを撮影したついでに、銀行本社の近代的なビルが並んでいたのも撮影したら、またまた警官に呼び止められて写真の消去を求められた。「民間銀行の建物なのになぜ」と聞いたら、「民間だけれども、銀行の建物は撮影禁止だ」とのこと。「他の国では聞いたことがない厳しさだね」と感想を述べたら、相手は哀愁のこもった目でまじまじと筆者を見つめ、「確かに他の国にはないルールだろう。だけど考えてもみてくれ。この国はとんでもない苦難を経験してきたんだ。

これからも何があるかわからない。そういう事情を理解して、ルールは守ってほしい」と、しみじみ語るのだった。先ほどの警官もこの警官も、威圧的ではなくむしろ親切そうだが、態度は真剣だ。

地中海沿いのご機嫌なリゾート都市、という気分に染まり過ぎていたことを反省し、気を引き締めて探索を続ける。

ACT3. レバノン人の耐え忍ぶ計り知れぬストレスとは

地中海沿いのご機嫌なリゾート都市、であるかのように見えたベイルート。しかし撮影禁止の建物が随所にあるなど、多年の紛争の傷は癒えていなかった。2月末でこの暖かさなのに、寒い欧州からの観光客もあまり見かけない。現在のたまさかの安寧の先に待つのは、経済的繁栄の復活か、はたまた宗教的混迷の再現なのか。

歴史のミルフィーユのような旧市街で

超モダンなショッピングセンターがあったので、入ってみる。デザインセンスのいい建築で、緑の映える屋上庭園の池には綺麗な錦鯉が泳いでいた。ファストファッションのZAR

A、MANGO、H&Mなど、おなじみの欧州系ブランド店が入居し、「イタリアン&ジャパニーズ」という看板を掲げるレストランもあった（実態はすしも置いているピザ&パスタ屋という感じ）。しかし客数は少ない。つかの間のアラブの春に続いたシリア内戦で、足をすくわれ気味という感じだろうか。

そこからさらに東北東の都心方向に歩いて30分余り。ようやく「エトワール（星）広場」までやってきた。両大戦間のフランス委任統治時代の街並みが残る一角で、「中東のパリ」といわれた面影が残っている。しかし建物は空き家になっているところが多いようで、道に設営されたオープンカフェにも人はいなかった。北隣の区画には、伝統的なスーク（市場）を近代的なオープンモールに造り替えた「ベイルートスーク」があり、シネコンもあったが、ここにも人影は少ない。

振り返って見ると、広場の東隣には正教会（シリア正教）があり、その裏には発掘中の古代遺跡があった。古代ローマのものか、もっと前のものなのか、説明板がないのでよくわからないが、3500年の歴史があるのだからそ

モダンな建築のショッピングセンター

こら中に何か埋まっていてもおかしくはない。遺跡のさらに向こう側には、キリスト教マロン派の教会とイスラム教のモスクが、同じ大きさで並んでいる。この一帯そのものが、正に歴史のミルフィーユの断面のようだった。

中東のパリと言われた頃は繁華街だった
エトワール広場

　マロン派とは、4〜5世紀にアンティオキア（現在のトルコ領アンタキヤ）にいた聖マロンの流れをくむ宗派で、十字軍時代の12世紀にカトリックと同一の教義を採用して以来、ローマ教会と密接な関係にある。当時東ローマ帝国のコンスタンティノープル（現イスタンブール）に主教座を置いていた正教会からすれば、困った分派活動だったかもしれない。この国には、トルコ支配の時代に軍人や商人として流れ込んできたアルメニア人の奉ずるアルメニア正教会もあるが、世界で最初にキリスト教を国教化した彼らは彼らで、正教もカトリックもマロン派も分派だとみなしているかもしれない。

　正統を争わせればきりのないこうした諸勢力に加え、ユダヤ教徒やムスリム諸派までをも、「税金を払えば各自の信仰は許す」というある種の信教の自由の下にまとめ、第一次大戦まで5世紀もの間ゆるやかに統合していたのがオスマントルコだった。彼らのしたたかな多様性は、コーランを奉じカリフを名乗りながらアラビア語話者にはならず、アルタイ系のトルコ語を保持したというところにも表れている。

しかしその帝国システムは英仏によってぐちゃぐちゃに壊され、その後の中東は、民族の境界でも宗教の境界でもない国境で縦横かつ不定形に分割されてしまった。その喉元にはユダヤ教徒の優越を掲げるイスラエルがくさびのように打ち込まれ、背後には米国が控える。

向こうの方に、ベイルート港に停泊する大型客船や貨物船が見えた。この町が、地中海に向けたアラブ地域の玄関口であることに、改めて思い至る。しかしアラブ地域の中心にあって聖地メッカを守護するサウジアラビアは、空前の資金力を背景に居丈高だが、さまざまな内憂を抱える。同じくアラブ地域で最も古くから文明の栄えたイラクやシリアやイエメンは、混沌の内戦で荒廃し、平和だが統一の取れないレバノンともども、周辺の諸勢力の相互干渉の舞台にされ続けている。

アラブ地域を囲む周辺の諸勢力の代表が、帝国喪失100年を経て再度国力を涵養《かんよう》してきた前述のトルコと、同様に隠然たる力とインド・ヨーロッパ系のペルシャ語を保持するイラン、それに言語はアラビア化したが独自の歴史に誇りを持つエジプトだ。イランやトルコの背後にはロシアもいる。

レバノンの国境を引いたのは、第一次大戦後のフランスだ。マロン派の多い山脈の海側だけにとどまらず、独立王国となったシリアの領分を侵食してムスリムの多い山脈東側の高原地帯までをも含めたことが、現在に続く支配的多数派の不在を生んだ。その結果が内戦であり、マロン派を中心とした海外移民の増加である。レバノン系ブラジル人であるカルロス・ゴーンが典型だが、南米在住のレバノン系住民は、本国在住者よりずっと多いといわれる。

書きながら、何が何だかわからなくなってきた。これらの多様な要素全部が、日本列島の南北はしばしよりも狭い範囲に陸続きで詰まっているのだから、無理もない。だが彼らから見れば、日本の一様性こそ信じられない状況だろう。

計り知れぬストレスを生きるレバノン人

レバノンに来たからには、レバノン料理を食べたい。ところが、ドバイでもブラジルでも豪州でも普通に見かけるレバノン料理店が、どうにも見当たらなかった。ホテルに聞いて、お勧めの店まで歩く。レバノン人のおやじと、エチオピア出身のウエートレスがやっている小さな店で、他に客はいなかったが、深紅で味の濃いレバノンワインと、定番の料理を楽しめた。

この世界のワインの故郷のような国が完全にムスリム化し、地元産ワインが飲めないような時代が来るとするなら、地球人類の料理文化には損失だ。だが、その心配はないだろう。むしろ心配なのは、分裂する国内の諸勢力が、周囲の国外でけんかを続ける諸勢力と共振を続けて、いつまでも政情不安が続くことだ。

歩き回った一日の終わりに、最近開業した感じのカフェで、日本から輸入したというサイホンで抽出した、本格派のコーヒーをいただく。店主の若い男と、その友人2人は筆者に向かい、「俺たちレバノン人は、お客さんには親切でオープンだ。でもみんな四六時中、まさに計り知れないストレスの中を生きているのさ。どんどん増すばかりのストレス、わかるかい？」と、昼間の警官同様にしみじみした口調で語るのだった。

カフェの店主とその友人

確かに、シリア難民も、イランの支援を受けイスラエルの介入を招く道をひた走っているヒズボラも、もともと外国由来のものであって、レバノン人にはどうにもできない。異なる者同士が共生するというレバノン数千年の知恵は、宗教的信念の前に削られるばかりだ。

翌朝。復旧したＰＣで日本に送る連載記事を書かねばならず、4時過ぎに起きて4時間以上もデスクワークする。さらにメール返信などをしていたら、わずかな時間に再度市街を歩いてくる元気は失せた。ホテルをタクシーで10時20分に発ち、そのまま空港に向かう。国際線に乗る場合でも、日本やシンガポールなら、1時間前に空港に着けば問題はない。しかし他の外国となるといろいろ想定外のことが起きやすいので、用心して2時間前には空港に着くのが、筆者の習い性となっている。

とはいえ筆者は機内持ち込み可能サイズのキャリーバッグしか持ち歩いてないので、荷物預けの列には並ばない。案の定出国手続きはすんなり済み、その先に免税品エリアがあった。レバノン土産に鉄板でお薦めなのは、色も味わいも濃い当地産の赤ワインだが、荷物を機内持ち込みにする副作用で、今後何度も飛行に乗る際に液体物は没収されるであろうことから、買えない。その後に荷物検査があったが、これもさっさと通れてしまった。

幸いこれから乗るロイヤル・ヨルダン航空はJALやカタール航空と同じワンワールド加盟会社なので、ラウンジを使える。いまは乾燥地帯にいるのだが、緑の日本を、レバノンの若者たちもいつか訪れたいと言っていた、湿潤で平和な島々のことを思い出して、日本農業新聞掲載のコラムを書く。

以下は後日談になる。

モスクワ経由で帰国する最終日に、ドバイ空港で1銘柄だけレバノンワインを売っていたので手に入れ、後日客人があった際に開けたが、7000円以上もしただけに、一同絶賛の味だった。ドバイだけに行かれる方にもお薦めしたい。

そして帰国2カ月後の2018年5月、レバノンでの総選挙の結果を、新聞の隅に見つけた。ヒズボラの政治部門が議席を増やしたという見出しに「やっぱり……」と思いつつ、記事の中にあった49%という投票率に驚いた。ノンポリの多い日本や米国の総選挙よりも低い数字ではないか。異なる主義主張が危うく共存するいまの体制の維持をひそかに願い、自派の主張だけを唱える諸政党に賛同できず棄権に回っている層が、サイレントマジョリティーとなっているということだろう。

思い起こせば、現地で会ったレバノン人はいずれも、「日本は平和で、経済力があって、本当にいいよな」と語っていた。地政学的にはあまりに日本と真反対の状況にある彼らの、平和と繁栄への願いが、いつか結実するときはくるのだろうか。

ACT4. ヨルダンの首都アンマン 19の丘の上に広がる街

西はイスラエル(と日本は未承認だがパレスチナ)に正対し、北はシリア、東はイラクに隣接するヨルダン。農地にも淡水にも乏しく、石油も出ず、周囲で紛争が起きるたびに大量の難民が流れ込んできた。だがガイドブックには、「中東で最も旅行しやすい国」「治安が良く人は親切」と書いてある。そもそもいかなる経緯で独立し、どうやって食べているのか。まず行って見て驚き、後から考えてみて悩む、この国の存立基盤の現在・過去・未来。

レバノン同様に簡単に入国できたヨルダン

２０１８年2月末から3月初め、アラブ首長国連邦のドバイをゲートウェイに、レバノンのベイルート、ヨルダンのアンマン、クウェート、バーレーンと回った弾丸旅行の、最大の眼目がアンマンだった。「現国王が健在の間に行っておいた方がいいよ」と、世界に詳しい著名知識人に勧められたのである。アブドラ国王はまだ50代、戦闘機を操縦することで有名なスーパーマンで、代替わりはまだ先だろうが、この難しそうな国がどのように治まっているのかに興味を引かれたのだ。

ベイルートから、13時半発のロイヤル・ヨルダン航空アンマン行きの便に乗る。実際の運航は、レバノン本拠のミドル・イースト航空だ。長蛇の列があるかと思ったが、空港にはパスポートを挿入するタイプの自動チェックイン機があって、まだ11時前なのに3分で搭乗手続きが終わってしまった。

アンマンまでは1時間10分。直線距離は３００キロもないのだから（仙台―東京よりも近い）、もっと早く着きそうなものだが、前席背面の液晶画面に経路を表示させてみると、イスラエル領空を避けてまずは逆方向に北上し、そこからダマスカスなどシリアの紛争中の主要部分も避けて、五角形の４辺を通るように大回りして飛んでいたのだった。

アンマンのクイーンアリア国際空港のターミナルは、20世紀末にＯＤＡでできたという感じの大味なデザインだった。空港の発便案内を見ると、日本人には行きにくいサウジアラビア各地はもちろんのこと、イラク行きやリビア行きも普通に飛んでいる。ヨルダンもレバノンと同じで、空港でアライバルビザを取得する仕組みのはずだが、実際には入国の手続きだけで済んでしまった。同じ係官が同時にビザも出しているのだろうが、発給料金もタダだし、特段詰問もされず、結局ビザなしで入れるのと変わりがない。

アンマンのクイーンアリア国際空港

レバノンには３５００年前にさかのぼる歴史があったが、ヨルダンではなんと１万年前に世界最古の農業が営まれていたという。首都アンマンには新石器時代だった８０００年前の遺跡が残り、３２００年前（紀元前12世紀）には旧約聖書に出てくるアンモン人の城があった。

紀元前4世紀にアレクサンダー大王に征服された後はギリシャ語でフィラデルフィア（兄弟愛）と呼ばれ、ローマに支配された時代には円形劇場や神殿が築かれた。東ローマ時代や最初のムスリム王朝だったウマイヤ朝時代にも重要な都市だった。だが、その後アッバース朝のバグダッド、マムルーク朝のカイロ、オスマン朝のコンスタンティノープルと覇権が移る中で、当地は忘れ去られ、20世紀初頭には一寒村になっていたという。

ちなみに、映画『インディ・ジョーンズ　最後の聖戦』のロケ地となり、日本人に大人気のペトラ遺跡は、イエス・キリストと同時期の紀元前後に栄えたナバテア人の王国の首都であり、この国の遺跡の中では実は新しい方だ。しかし残念ながら、筆者はいつものように首都の訪問を優先し、今回はそちらには出向かない。

レバノンもそうだったが、ヨルダンも著しい車社会で、空港から市内への交通手段はタクシーに頼るしかない。バスもあるのだが、市街地は広く拡散していて、核となるような公共交通ターミナルがない。つまり降りてから苦労することになる。ということで３５００円ほど払い、45分ほどかけてホテルまで向かったのだが、途中の車窓には驚いた。

谷底の幹線道路から見上げる丘の上の密集市街地

タクシーは曲折する浅い谷底を走っていく。乾燥地特有のワジ（涸《か》れ川）の上に、ハイウ

丘の上の住宅地

エイを造っているものと思われる。両側には丸い丘が連なり、道沿いの斜面は草原になっている。春なので緑だが、夏には枯れて茶色になるだろう。それにしても、なかなか建物が出てこない。不審に思いつつよく見ると、家がないのは道沿いだけで、前後・左右の丘の上にはびっしりと外壁が象牙色のビルが建っている。端の方のビルは、まるで崖からこちらに転げ落ちて来そうな感じだ。タクシーは既に都心に入りつつあったのだった。

現在のアンマン市街は、19もの丘の上に拡散している。丘の間には無人のワジの谷があって、そこに幹線道路網が敷かれているわけだ。谷底からそれぞれの丘に上がる道は限られていて、しかも曲折している。直線路がなく、急斜面だらけの街なので、これでは地下鉄はもちろんモノレールの整備も難しいだろう。

普通は丘の上は城砦《じょうさい》にするもので、市街地は井戸水を得やすいワジの上に造るだろう。アンマンでもローマ遺跡の残る「ダウンタウン」だけは、まさにそのような構造になっている。しかし他の部分は、水道システムと車の登場した後になって急成長でき上がったために、まったく逆の設計となってしまった。

これまでもずいぶんと、「こんなところに町を造るのか」と思うような、変わった地形の町を歩いてきた。特に忘れ難いのは、すり鉢状の巨大スキー場がそのまま市街化したようなボリビアのラパスだ。その他、有名どころではサンフランシスコや香港、ヴェネチアにストックホルム。日本では長崎や神戸も、普通なら市街地のできる場所ではない。だがそれらはいずれも、急斜面か、海の上か、あるいはその組み合わせだった。しかしアンマンはどれとも違っていた。

そのような急成長をもたらしたのは、イスラエルの登場だった。第一次大戦後、イギリスの委任統治領となったパレスチナに、1948年ユダヤ人がイスラエルを建国し、1967年の第三次中東戦争ではヨルダン領だったヨルダン川西岸地区をも占領する。ヨルダンに流れ込んだパレスチナ人難民は、現在では二世、三世を含めて400万人以上とも言われる数に膨れ上がった。さらに1990年の湾岸戦争や2003年以降のイラク戦争では、50万～80万人といわれるイラク難民が流れ込んだ。2011年からのシリア危機を受け、シリア難民も70万人近くを受け入れている。この国の人口は、国連推計（難民など居住外国人を含む）によれば1950年には45万人だったのが、2015年現在は760万人とされる。アンマンの人口も2万人から、都市圏人口250万人（札幌と同規模）に急拡大したのだ。

谷底から丘の一つに上がったタクシーは、長い渋滞に引っ掛かった末に、高級住宅街めいた場所で止まった。店もホテルもありそうもないが、この中の1軒が今晩泊まるゲストハウスだ。ベイルートの宿の周辺は北イタリアの下町という感じだったが、こちらはローマの大使館街という風情である。何が待っているのか、心躍らせつつ車を降りた。

ACT5. アンマンで人懐っこい住民、寛容な国柄に心安らぐ

「中東で最も旅行しやすい国」とガイドブックに書かれるヨルダン。首都アンマンでは、聞いた通り広大な範囲に散らばる19の丘の上にそれぞれ、象牙色の建物が林立していた。車社会化の後に、寒村から大都市へと急成長したゆえの特殊な都市景観なのだが、こんな変わった形状の都市の上では、どんな生活が営まれているのか？

美しい建物の並ぶ丘の上を歩く

タクシーで着いた今晩の宿は、高級住宅街のゲストハウスだった。隣はイタリア大使館で、この宿も大使館関係者だと思われるイタリア人が、立派な自宅の2〜4階で営んでいるものだった。

アンマンは乾燥地帯にあるが、夏と冬には大きな気温差がある。標高700メートルと日本でいえば長野県の大町市くらいの高さのため、朝晩は東京より冷え、昼は東京より暑い。3月初めの今日は、快適な気温で抜けるような晴天だった。

それにしてもここはいったい、広大な市街地の中のどこなのか。パソコンを宿のWi-Fiに接続して、現在地を確かめる。この国もレバノン同様、筆者加入の携帯電話データ定額サービス対象地域外なので（携帯会社のサイトによれば、外れた地域に行くのは加入する海外渡航者の0・1%だけらしい）、ネット接続は宿にいるうちに済ませねば。先史時代から人の住んでいたダウンタウンの少し西、ジャバル・アル・ウエイブデ（アル・ウェイブデの丘）の上にいるとわかる。古代のアンマンはこの丘を含めた七つの丘から始まったそうだ。

アル・ウェイブデの丘から見た
アブダリの丘の超高層ビル群

それにしても、同じような丘の上の市街地がどこまでも続き、海も湖も川も山もないので、地図を見るだけではいっかな町の特徴が頭に浮かんでこない。まずは歩いてみようと、宿から北に1～2分行くと、住宅街の中に名前だけは大仰な「パリ広場」という小さなロータリーがあり、周囲には商店、飲食店、銀行などもあった。そこから西に向かう。

このあたりは高級住宅街だと書いたが、実際には「元」高級住宅街らしく、本当の富裕層は西に10キロほど離れた「アップタウン」に住んでいるらしい。日本大使館もそちらにある。とはいえ歩いている街路には、個性のある飲食店や物販店が点在し、麻布あたりの丘の上の道に紛れ込んだようだ。客層は普通の人たちに見えるが、実際は金持ちなのだろうか？　国立美術館（というけれども実際は小ぶりな建物）の前にある、ムンタザ広場で遊んでいる子どもたちを見ると、確かに着ているものがおしゃれで高そうだった。男子と女子が、お互いを意識しつつも分かれて遊んでいるのが、ムスリム国らしい。そこから西隣のアブダリの丘へ、小さな谷を越えて移ると、向こうには都心の高層ビル群が眺められた。

目の前に、国内最大だというアブドラ国王モスクが現れた。ブルーモスクの愛称通り、青くライトアップされている。この国の時差帯はイスラエルやギリシャと同じで、当

レバノン最大のブルーモスク

超近代的なアブダリモール

地はその東端にあることから日暮れが早く、まだサマータイムも始まっていないので、午後6時前なのにもう薄暗くなってきた。斜め手前には、ライトアップされずに夕闇に沈みつつあるものの、コプト正教会も建っている。当国居住者の圧倒的多数はスンニ派ムスリムだが、エルサレムから東に100キロも離れていない場所でもあり、古来のキリスト教徒も数%住んでいる。そのほとんどがギリシャ正教徒で、聖マルコが開祖のコプト正教徒は少数派の中の少数派だが、エジプトやエチオピアなどには5000万人もの信徒がいる。

その先に、真新しいアブダリモールがあった。中央に巨大な吹き抜けを持つ4階建ての宇宙的デザインのSC（ショッピングセンター）だが、木曜の夕方6時にしては閑散としていた。同じようにすいていても、もっと小ぶりだった分、ベイルートのモールの方がここまで寒々とはしていなかった。国民の購買力がそこまでではないのか、軌道系交通がなく拡散した町なので、買い物客も丘ごとに分散してしまっているのか。食事時だったが、もっとローカル色を感じさせる店を探して外に出る。

地元ファーストフードに地ビールを堪能

南側の谷を越えた先、この町で一番おしゃれだと聞くアンマンの丘に向かおうかとも思ったのだが、1カ月少々前に羽田空港での連絡バス乗降の際に粗忽にも右足首の靭帯を断裂したばかりであり、それなのに昨日は3万歩歩いたこともあって、今日はそこまでは歩けない感じだった。東に向かい裏道を戻る。町はもうすっかり暗くなり、人通りもほとんどないが、治安の悪さは感じない。ホームレスや、所在なげに座っている失業者然とした若者をまったく見かけないのだ。この国が受け入れてきたはずの何百万人もの難民は、どこに住んでいるのだろうか。

住宅街の中に、テイクアウト専用のシャワルマ屋があった。シャワルマとは、肉を焼いて野菜や豆などと一緒に薄いパンで巻いた中東のファーストフードで、ヘルシーでおいしい。いかにもこういう店をやっていそうな、英語は話さないが気の良さそうなおやじに相談しつつ注文すると、奥で無口だがイケメンの若者が調理する。ついでに豆の煮込みも頼む。半分いただいたが、あまりにおつまみに適した味なので、どこかでビールでも見つけて、残りはホテルでゆっくり楽しもうと考えた。

そこに近所の子ども（姉と弟）が買いに来た。ヨルダン人は人懐っこく、写真を撮ってもいいかと聞いたらポーズしてくれる。おやじも入ってもらって再度撮影。小さな店内はすっかり心温まる雰囲気になった。

　こういうときに、「欧米やイスラエルやイスラムのいずれかに偏らず皆の味方」「良質な製品の故郷」「アジア近代化の先頭ランナー」ということで知られている日本から来たというのは、本当に得なことだ。嫌われず恐れられず、静かに尊敬してもらえる。そのあたりを感じられない日本人がいるとすれば、自分の側の偏見や恐れが相手に反射して、自家中毒を起こしているのではないかと自戒すべきだろう。

買い物に来た子ども

　ホテルまでの途中に幸いにも酒屋、その先には地ビール屋（普通のお酒も売っている）もあった。ヨルダンはムスリム国だが信教の自由があり、従って飲酒の自由もあり、このように片隅の専門店でではあるが、ひっそりとお酒も売っている。彼らの存在はこの国の寛容さの象徴でもあるのだった。
　ホテルに帰り着き、半分残しておいたシャワルマをつまみに、買ってきた当地の地ビールをいただいたのだが、ビール発祥の地(メソポタミアないしエジプトといわれる)に近いせいか、気候が醸造向きなのか、味は濃厚なのに舌に残るしつこさがなく、最高のひとときを過ごせた。ラベルも上品でおしゃれだ。翌日午後に国を出る際には、空港のラウンジにあったヨルダンワイン(他所ではあまり見たことがない)もいただいたが、これまた本当に、正統派ど真ん中のおいしさだったのである。

この国の寛容さ、そして都心部のごく一部だけしか歩いていないとはいえ聞いた通りの治安の良さは、いったいどこから来ているのか。明日は午前中しか滞在時間がないが、よくよく考えつつ歩いてみなくてはなるまい。

ACT6. ヨルダンの、ODAに支えられた寛大な施政はいつまで続くか?

夕方6時を過ぎると急速に暗くなり、人通りも少なくなったアンマンの中心街。しかし治安の悪さはみじんも感じられず、入った店のおやじや地元の子どもは笑顔でフレンドリーだった。住民の圧倒的多数が酒を飲まないムスリムだが、極上の地ビールも手に入った。イスラエルとシリアとイラクに囲まれるというとんでもない位置にあって、このゆとりと寛容さはどこからくるのか。将来も続くものなのか。古代遺跡の残るダウンタウンを回りながら考える。

1万年前からの人類史が積み重なるダウンタウンとアンマン城砦

翌朝。朝食はないと聞いていたのだが、3階の共有スペースには、ジャムを巻き込んだ中東特有のデニッシュ風のパンと、フルーツ盛り合わせ、それにコーヒーまで用意されていた。屋上から町を見渡すと、今日も快晴だ。

宿に荷物を置いて、東南に丘を下り、アンマン発祥の地であるダウンタウンに向かう。ここだけは丘の上ではなく、谷底のワジ（涸れ川）の上に市街地がある。水を丘の上に揚げる動力のなかった前近代に町を造るなら、ここここそが最適の場所だ。イスラム教安息日の金曜日で、人通りはやや少ないが、丘の上では見かけなかった庶民的なスーク（市場）が残り、アラブの香りがする。中心のアル・フセイニ・モスクは、東ローマ時代に大聖堂が建っていた場所だそうだ。

その近くの建物の壁には、苦悩する若者の顔が大きく描かれていた。偶像崇拝を禁ずるムスリム圏ではあまり見かけない肖像画の壁画である。そこから東に向かうと、ローマ支配時代の2世紀に、丘の斜面に建造された円形大劇場が、そのまま残っていた。入場料を払って客席上部まで上ると、高所恐怖症の人にはお勧めできないスリルが味わえる。当時のアンマンは、ローマと同じく七つの丘を持つ町、ということで人気を集めたのだという。

北向きにできた劇場の正面の丘の上は、アンマン城砦の跡だ。ここには同じく2世紀に、ローマ五賢帝最後のマルクス・アウレリウスが建てさせたというヘラクレス神殿の石造物が残る。一角に考古学博物館があった。主たる展示物は2013年に日本のODAでできたヨルダン博物館（今回は訪問できず）に移されたものの、こちらの方にもまだ、当地の1万年の歴史の各時期を代表する展示物が残されている。目玉は、1万～6000年前の間に作られたという、人類最古の頭部の塑像だ。当市内のアイン・ガザル遺跡から計32体見つかったというものの一つだが、マンガチックな表情ながら強烈なオリジナリティーがある。日本の土偶は1万3000年前にさかのぼるが、このような写実性は縄文後期になるまでなかった。

時間がなくなってきた。遺跡を出てホテルへと急ぐ。タクシーも声をかけてくるが、いったん丘をダウンタウンに下り、再度上がる道筋は、家々の間の石段をたどって歩い

ローマ劇場の最上部から見下ろす

た方が早そうだ。北側のヌズハの丘に掲げられた、縦30メートル、横60メートル、旗ざおの高さ127メートルの巨大ヨルダン国旗が遠望できる道で、子どもが手製のたこを揚げていた。

ホテルからタクシーで空港に向かいつつ、この不思議な安定の中にある国の存立基盤について考えた。

ヨルダン王家（ハシム家）は、イスラム教の開祖ムハンマドの末裔（末娘ファーティマと、従弟で第4代正統カリフのアリーの息子であるハサンの子孫）とされる名家で、ムスリム世界で諸王朝が興亡する中、聖地メッカの太守であり続けていた。第一次大戦当時の当主フサイン・イブン・アリーは、4人の息子とともに、イギリスの支援を得てオスマントルコに対しアラビア独立戦争を仕掛け、勝利を得る。映画『アラビアのロレンス』は、その過程を虚実を交えて描いたものだ。

しかしアラビア、フランス、ユダヤ人それぞれに領土を口約束していた、有名なイギリスの「三枚舌外交」もあり、またおそらくそれ以上にアラビア側の足並み不統一もあり、1920年代にはパレスチナ（現在のイスラエル含む）をイギリスに、一度は王位を得たシリアをフランスに、本拠地だったメッカはイスラム原理主義ワッハーブ派のサウド家（現サウジアラビア王家）に、それぞれ奪われた。4人の息子のうちの2人が、残されたイラクとヨルダンの王位についたが、イラクは1958年の革命で共和国となり、ヨルダンのみが領地として残されたのである。

全方位からODAを得て国民に還元する綱渡り

そこに前にも書いた通り、膨大な数の難民がパレスチナから流入した。一時はPLO（パレスチナ解放機構）に国の主導権まで奪われかけたが、70年にその本部をレバノンに追放し、王政を維持する。

しかしこの国には石油は出ず、わずかに出る天然ガスも、国内の電力需要の一部に充当している程度だ。水道水は、国土最南端のアカバ湾（紅海）の水を淡水化して全土に供給していると宿のオーナーから聞いたが、それにも莫大なエネルギーが使われているはずである。資金源は、外国からの援助以外にはあり得ないだろう。94年には、その前年のオスロ合意（当時のイスラエルのラビン首相とPLOのアラファト議長が、パレスチナ自治政府の樹立に合意）を受けて、イスラエルと歴史的な平和条約を結び、前後して米国から多額の支援が流れ込むようになった。

しかしその翌年のラビン首相暗殺以降、イスラエルはユダヤ人優先の強硬路線への傾斜を強めている。トランプ大統領もキリスト教福音派の支持を固めたいために、彼らの支持するイスラエル寄りの路線を明確にした。当国を支える米国のぶれは、非常に大きなリスクである。

だが欧州や日本も、宗教原理主義、暴力主義に走らずに懐深く難民を受け入れるヨルダンに対して、多大なＯＤＡを行っている。加えて、かつて現王家の本貫地メッカを奪ったサウジアラビアや、湾岸諸国などからのオイルマネーも、イスラエルからの難民を一手に引き受ける当国に、陰に陽に流れ込んでいるのではないか。そうであれば、最近のアラブ諸国の足並みの乱れ、すなわちイランをバックにするカタールと、サウジアラビアほかとの断交、それと軌を一にするサウジアラビアとイスラエルの接近は、巧みに全方位戦略を取るヨルダンにとっては困ったことだろう。

しかしそれをいうなら、５００年以上続いたオスマントルコの支配を脱した建国の当初から、最近の湾岸戦争、イラク戦争、シリア危機に至るまで、アラブの足並みの不統一は常にこの国を悩ませてきた。とはいえこの国が、小国ながら周囲にのみ込まれずに存在していること自体、アラブの分裂の結果なのだから、文句も言えない。その先に何があるのか、これまた未来になってみないと予想もつかないというのが、この国の現実である。

以下はまた後日談だが、その後ヨルダン政府は財政健全化のために増税を実施しようとし、珍しく大規模な抗議デモが起きたのを受けて撤回したという。国民のご機嫌を取ることで政権を維持するというのは、強権の多い周辺国に比べれば優しい限りだが、ODAだけが頼みの放慢財政を続ければ、結局政治の不安定化を招くだろう。

しかし世界にまれに見る財政収支不均衡を是正できない我ら日本人に、彼らにお説教する資格はない。日本人たる筆者が、ヨルダンを訪れてみて何ともいえないシンパシーを感じたのも、そういう脇の甘さが両国に共通していることが理由だったのかもしれないと、後々になって考え付いたのである。

〈コラム〉中東に日本の航空会社を使って飛ぶには？

日本から中東に直行している航空会社といえば、サービスで有名なエミレーツ航空（アラブ首長国連邦のドバイが本拠）、ワンワールドに加盟するカタール航空（カタールのドーハが本拠）、そしてスターアライアンスに加盟するトルコ航空が挙げられる。エティハド航空（アラブ首長国連邦のアブダビが本拠）も大手だ。だが、日本航空や全日空は、この地域には自らは乗り入れていない。

筆者は若い頃は日本の航空会社に乗ることにまったくこだわっていなかったのだが、

50歳を過ぎて、夜間にかかる長距離便に関してはなるべく日本航空や全日空を選ぶようになった。マイルなどを使ってビジネスクラスにアップグレードできれば、体への負担がぐっと小さくなる。しかしそのためには、マイル会員になっているこの2社を選ばなくてはならないのだ。

そこで困ったのが中東への足だ。悩んだ末の奇手として、上記の旅行では日本航空でモスクワに飛び、そこからエミレーツ航空でドバイに飛ぶという、普通誰も通らないルートを選択した。直行すれば10時間のところ、機内にいる時間だけで15時間かかるのだが、モスクワまでの間はビジネスクラスでよく寝ることができる（その後はエコノミー）。ロシアにはビザがなければ入れないが、モスクワのドモジェドヴォ空港で国際線から国際線に乗り換えるには、ビザは要らない。その代わり乗り換えゲートでパスポートと航空券の厳重なチェックがあるので、少々ドキドキはする。乗り継ぎ先の便のチェックイン済のボーディングパス（スマホ画面でも可）も持っていなければならないし、荷物をすべて機内持ち込みにする必要もある。預けてしまうと、それを受け取れるのはロシアの入国管理を通った先だからだ。

次の機会には、インドのニューデリーかムンバイで乗り換えるというのも試してみようかと思っている。ただしインドの空港でもビザなしでトランジットできれば、だが。

あとがき

前著『世界まちかど地政学』の発刊から1年余り。今回おかげさまにて、その続編を刊行する。文藝春秋の念入りなファクトチェックを経た内容を、自信を持ってお届けしたい。

書斎で膨大な数の本を読んで知識を得る人がいるように、筆者は世界の無数のまちかどで、現場の光景を読みとりつつ、「この世界はどのように出来上がっているのか」ということを考え続けてきた。その一端を書き留めた本書が、旅行記でありながら書名に〝地政学〟を掲げているのには、理由がある。

そもそも地政学とは、地域特性とその場所の歴史に照らし、「ある地理的条件の場所では、どういう対外的事象（＝軍事、移民や民族移動、交易、投資、文化伝播、観光交流など）が繰り返される傾向にあるのか」を考察するものだ。これを軍事的な覇権争奪の話に矮小化していては、全体像を見失う。

というのも今の国際社会では、ハードパワー＝軍事力よりも、ソフトパワー、つまり経済力（金力）、技術力、文化力、人口圧力、民族意識、宗教、カリスマ性などの方が、はるかに大きな役割を担っている。他国に進出するのに、いまどき軍事介入するなど下の下であり、個人や企業としてお金を投資し利益を回収した方がよほどハイパフォーマンスだ。そのような21世紀における地政学は、ソフトパワーの動態学として再構築されねばならない。本書の書名には、そのような問題意識がこめられている。

ハードパワーの行使者は多くの場合は政府だが、ソフトパワーの行使者は、企業であり資産家であり芸術家であり、その他の個人個人でもある。つまりソフトパワーのさや当てにおいて国は脇役であり、徴税されたくない側からいえば邪魔者ですらあるのだ。だからこそ多国籍企業は、国に守ってもらうどころか、国の目を盗んで蓄財することばかりに注力しているではないか。いまどき国を頼んで排外主義に走り、ポピュリスト政治家の国威発揚パフォーマンスに喝采を送るのは、どこの国でも、そうした国際的なマネーフローから疎外されてしまった者だけである。日本の「ネトウヨ」もその例に漏れない。

そのように疎外された者の排外主義は、実際には国家の持つハードパワーを動かす力にはならないが（どこの国も庶民よりも巨大資本を守りがちだ）、「国民国家への過大な幻想を共有する者の連帯」というネガティヴなソフトパワーを生む。それが、民族問題、格差問題、宗教問題をさらに深刻化させる。

とはいえこの日本では、諸々の格差や排外主義の跋扈《ばっこ》はあるものの、それを放置して良しとする国民意識までが、完全に定着しているわけではない。しかも日本企業は、「平和憲法を掲げる善意の国」というイメージを活かし、南米の先端からアフリカの果てにまで工業製品を売り付け、米国、中国、韓国からはもちろん、ドイツやシンガポールからも空前の経常収支黒字を稼いでいる。真面目で誠実な日本人の生みだす製品やサービスへの評価は、究極のソフトパワー＝ブランドとして、21世紀の世界に共有されている。これは、いかに強大な軍事力、外交力を持つ国でも、揺るがすことのできない力だ。

ハードパワー以上にソフトパワーの動向に重きを置く21世紀の地政学。それは、自覚なきまま巨大な経済力を保持し、さらには文化力まで搦め手から浸透させつつある日本の、等身大の実力を学び直すものでもある。今後も無用なコンプレックスや空疎な優越感を排し、世界の現場で見聞きした素のままの現実から再構築して、世界の中の日本はいまどうなっているのか、という構造を把握していきたい。

最後に、この本の元となった連載の成立に毎週粉骨砕身いただいている毎日新聞社経済プレミア編集部の平野純一氏と、出版を快くお引き受けいただいた上に加筆修正の筆が滞りがちな筆者を親身に励まし続けてくださった文藝春秋の山本浩貴氏、このご両名に心からの感謝を捧げて、本書を終わりたい。

中央アジア・タシケントへの機中にて

藻谷　浩介

藻谷浩介（もたに・こうすけ）

1964年山口県生まれ。地域エコノミスト。㈱日本政策投資銀行参事役を経て、現在、㈱日本総合研究所調査部主席研究員。東京大学法学部卒業。米コロンビア大学経営大学院修了。著書に『実測！ニッポンの地域力』『デフレの正体』『世界まちかど地政学』、共著に『里山資本主義』（NHK広島取材班）、『経済成長なき幸福国家論』（平田オリザ氏）、対談集『完本 しなやかな日本列島のつくりかた』などがある。

世界《せかい》まちかど地政学《ちせいがく》NEXT《ねくすと》

2019年4月25日　第1刷発行

著　者　藻谷浩介《もたにこうすけ》
発行者　鳥山 靖
発行所　株式会社 文藝春秋
〒102-8008
東京都千代田区紀尾井町3-23
電話　03-3265-1211（代）
DTP　エヴリ・シンク
印刷所　萩原印刷
製本所　加藤製本

　ISBN978-4-16-391014-7
Printed in Japan